JOAQUIM CARLOS LOURENÇO

EDUCAÇÃO AMBIENTAL NA PRÁTICA

Conceitos e Aplicações

Edição do Autor
Campina Grande - 2019

Dados internacionais de catalogação na publicação (CIP)

L892e	Lourenço, Joaquim Carlos, 1982 —
	Educação Ambiental na Prática: conceitos e aplicações / Joaquim Carlos Lourenço - 1ª Ed. – Campina Grande — PB: Independente, 2018.
	106p.; A5
	ISBN 978-85-92723-63-7
	1. Educação. 2. Meio Ambiente.
I. Título.	
	CDD: 370
	CDU: 37.03

EDUCAÇÃO AMBIENTAL NA PRÁTICA

Conceitos e Aplicações

"Quem quer que aconteça, faz, não espera acontecer."

Joaquim Carlos Lourenço [2018]

DEDICATÓRIA

Aos meus pais, José e Maria.

AGRADECIMENTOS

Agradeço o dom da vida recebido, e as boas energias que foram fundamentais no meu caminho.

SOBRE O AUTOR

Joaquim Carlos Lourenço *é doutor em Recursos Naturais pela Universidade Federal de Campina Grande (2018). Mestre em Recursos Naturais pela Universidade Federal de Campina Grande (2013). Possui especialização em Gestão Pública Municipal pela Universidade Federal da Paraíba (2011). Bacharel em Administração pela Universidade Federal da Paraíba (2009). Atuou como professor da Universidade Federal Rural de Pernambuco (UFRPE/UAST) nos cursos de graduação em Administração e Sistema de Informação. Lecionou no curso de graduação em Administração Pública da Universidade Estadual da Paraíba (UEPB). Tem experiência na área de Administração, Sistema de Informação e Ciências Ambientais. Autor de diversos capítulos de livros. Tem artigos publicados em eventos nacionais e internacionais, como também em periódicos nacionais e internacionais. É revisor de periódicos científicos nacionais. Atualmente desenvolve atividades de pesquisas de modo independente.*

APRESENTAÇÃO

A globalização e a forte crise cultural, social e ambiental, predominante no início do Terceiro Milênio intensificaram os já graves problemas socioambientais de âmbito planetário, como o efeito estufa, a redução da biodiversidade, fome e desordens sociais, mostrando que é necessária a construção de um novo modelo de desenvolvimento econômico.

Na busca por melhores condições de vida, acumulo de capital e ampliação do consumo das classes sociais mais favorecidas, o ser humano vem explorando de forma cada vez mais intensa os recursos naturais. Por conseguinte, o meio ambiente tem passado por grandes transformações, as quais têm impactado a vida de milhões de pessoas do planeta.

A partir desta perspectiva, é importante a inserção de práticas de Educação Ambiental nos processos de sensibilização e mobilização das pessoas para que desenvolvam ações em prol da sustentabilidade. Especialmente que se incorpore no cotidiano: valores, atitudes e habilidades, para assumirem suas responsabilidades.

A ideia de escrever um livro nessa temática surgiu devido a dificuldades de se obter uma bibliografia sobre este tema, que aborde o conceito com um caráter efetivamente interdisciplinar e unânime, além da constatação de ações desenvolvidas equivocadamente compreendidas como Educação Ambiental nos diferentes espaços formativos.

O livro apresenta uma linguagem dinâmica, mas ao mesmo tempo técnica, para que possa atingir um público tão multidisciplinar quanto o tema, e tão quanto deve ser tratado pela sociedade.

Esta obra foi concebida com o propósito de fornecer um material didático consolidado. O conteúdo desenvolvido foi orientado para os temas específicos travessais a Educação Ambiental.

O objetivo deste livro é apresentar um enfoque original sobre a Educação Ambiental, explicar conceitos e práticas entendidas erroneamente como Educação Ambiental. Considerando outros conceitos técnicos relacionados com a temática, por ser de fundamental importância entendê-los para compreender melhor o termo, seu uso correto e aplicação.

Na parte 1, são apresentados conceitos básicos necessários ao bom entendimento da Educação Ambiental. Na parte 2, é discutido de forma técnica e prática o conceito da coleta seletiva. Na parte 3, é abordada a caracterização dos resíduos sólidos. Na parte 4, são apresentados conceitos técnicos e aplicações de temas relacionados a cadeia dos materiais recicláveis.

A parte 5 aborda eventos pontuais desenvolvidos como Educação Ambiental. A parte 6 elucida a importância da gestão ambiental para preservação dos recursos naturais, traz conceitos básicos e práticas empresariais e do poder público, necessárias para sua efetividade. Por fim, expõe breves reflexões sobre temas ambientais.

A expectativa do autor é apresentar conhecimentos sobre a Educação Ambiental capaz de proporcionar uma reflexão mais holística da sociedade sobre o meio ambiente. Dessa forma, espero cumprir a minha função social de disponibilizar à sociedade, o conhecimento adquirido ao longo de minha experiência estudantil e profissional.

SUMÁRIO

PARTE 1

Educação ambiental

A globalização e a forte crise cultural, econômica, social e ambiental, predominante no início do século XXI, intensificaram os já graves problemas socioambientais em todo planeta, como o efeito estufa, a crise hídrica, aumento de pragas e doenças na lavoura e pecuária, a redução da biodiversidade, fome e desordens sociais, deixando claro que é necessário a construção de um novo modelo de desenvolvimento econômico.

Nesse cenário de transformações antrópicas constantes, a busca por melhores condições de vida, acumulo de capital e ampliação do consumo das classes sociais mais favorecidas, a pressão sobre os recursos naturais aumentou e, alguns ecossistemas já chegaram no seu limite de suporte, ou seja, a exploração dos recursos naturais está acima da capacidade de regeneração do planeta.

No médio e longo prazo, os distúrbios socioambientais podem impactar a vida de milhões de pessoas do planeta. A degradação do meio ambiente acarreta consequências sociais, culturais, políticas, econômicas e ambientais para toda a sociedade, e, por conseguinte, um ciclo de crises, como a atual crise ambiental, que conforme Pereira (2014) [33]:

> é derivada dessas transformações bruscas decorrentes da apropriação do ambiente pelo ser humano, que se intensificou de tal modo que a questão começou a se tornar alvo de debates e discussões, congressos, publicações em jornais, revistas e noticiários televisivos, alcançando proporções mundiais e dando origem a uma série de esforços e iniciativas na tentativa de reverter o quadro de degradação do meio ambiente. E segundo a autora, é neste cenário que surge a Educação Ambiental (EA), como uma proposta que carrega consigo a perspectiva de formação de um novo agir social, moral e ético.

Para Azevêdo (2014) a Educação Ambiental é uma dimensão da educação, uma atividade que induz no desenvolvimento dos indivíduos um caráter social em sua interação com a natureza e com os seres humanos. Com isso, objetiva a Educação Ambiental maximizar essa atividade humana, de forma a recobri-la de efetiva prática social e ética ambiental.

A Educação Ambiental tem o desafio de promover uma nova relação harmoniosa entre sociedade e meio ambiente, a fim de garantir as gerações atuais e futuras um desenvolvimento pessoal e coletivo mais justo, equitativo e sustentável. Por meio da Educação Ambiental é possível repensar as práticas sociais baseadas no entendimento essencial do meio ambiente, bem como assumir problemas e soluções, buscando ressaltar a responsabilidade de cada indivíduo no ambiente social.

O objetivo final da Educação Ambiental é alcançar um grupo social ou um indivíduo a partir do conhecimento de sua realidade imediata, conseguir mudanças na consciência, atitudes e comportamentos, e por um método de análise crítica, a sua própria responsabilidade e incentivar a participação na resolução dos problemas ambientais, em cooperação com o restante da população[4].

Educação Ambiental é um processo de intervenção educativa formal e informal que busca promover uma consciência crítica do indivíduo ou grupo de pessoas, para problemas ambientais de sua realidade. Além disso, a Educação Ambiental ajuda as pessoas a refletir sobre os diferentes problemas ambientais, reconsiderar suas concepções e internalizar conhecimentos para melhoria de sua realidade social.

De acordo com Campos et al. (2011), tanto a Educação Ambiental, como a interpretação ambiental são ferramentas úteis para sensibilização aos problemas ambientais, e para capacitação da população na busca da sustentabilidade. Ambas almejam uma mudança de postura do ser humano frente à natureza.

Por isso, é tão importante a inserção de práticas de Educação Ambiental nos processos de sensibilização e mobilização das pessoas para que desenvolvam ações em prol da sustentabilidade ambiental, especialmente, que possibilite a incorporação no cotidiano de cada indivíduo, valores, atitudes e habilidades para que estes assumam a responsabilidade de um desenvolvimento econômico sustentável.

Nesse contexto, a Educação Ambiental é uma alternativa para obter melhores resultados da sociedade no que diz respeito aos conhecimentos, as atitudes e procedimentos que se espera da população em relação a conservação e preservação do meio ambiente. Sem dúvida, a Educação Ambiental pode gerar mudanças de atitudes e comportamento das pessoas em suas vidas diárias.

1.1 Gênese da Educação Ambiental

A consciência preservacionista do meio ambiente começou a ganhar mais destaque no cenário mundial recentemente, quando as pessoas perceberam que as práticas intensivas de exploração e produção das indústrias causam sérios problemas ambientais para a vida no planeta.

Foi a partir desses pressupostos, exigências legais e conscientização das pessoas que as concepções iniciais de Educação Ambiental emergiram. Nas duas últimas décadas do século XX, o tema protagonizou a agenda internacional de diversos eventos ambientais de organizações governamentais mundiais, e de organizações do terceiro setor.

Na década de 1960, segundo Wagner et al. (2011) a conscientização sobre os impactos negativos da humanidade sobre a natureza aumentou, e políticas e programas ambientais foram em todo o mundo desenvolvidos. As pessoas se tornaram mais conscientes do seu próprio impacto sobre o meio ambiente, de sua vida cotidiana.

Durante a década de 1970 a Educação Ambiental ganhou maior evidência, após um grande esforço conjunto da Organização das Nações Unidas para Educação, Ciência e Cultura (UNESCO) e do Programa das Nações Unidas para o Meio Ambiente (PNUMA) para colocar a Educação Ambiental no topo da agenda mundial como instrumento para o desenvolvimento sustentável, e para a melhoria da qualidade de vida.

Em 1972, na Conferência das Nações Unidas para o Ambiente Humano, realizada em Estocolmo na Suécia, a Educação Ambiental foi apresentada como uma parte essencial das soluções multifacetadas para reduzir os problemas ambientais da humanidade, e a degradação ambiental foi considerada como um problema social.

As décadas de 1980 e 1990 marcaram os principais eventos ambientais para a definição da Educação Ambiental, como a Conferência de Estocolmo em 1987, quando o Relatório Brundtland foi estabelecido; a Conferência das Nações Unidas Eco Rio 1992, na cidade do Rio de Janeiro, na Agenda 21; e na Rio+10, Cúpula Mundial sobre Desenvolvimento Sustentável em 2002, realizada em Johanesburgo, na África do Sul.

Nessas conferências foram elaborados definições, objetivos, princípios, estratégias e recomendações para a Educação Ambiental, estabelecido metas e prazos para projetos socioambientais que abordem a EA.

No Brasil, o avanço da consciência ambiental ocorreu primordialmente nesse mesmo período, entre as décadas de 1980 e 1990, tornando-se objeto de um conjunto significativo de políticas públicas para as organizações públicas e privadas, principalmente, após a criação da Agenda 21 na Eco Rio 1992, na cidade do Rio de Janeiro.

Sob a perspectiva das políticas públicas educacionais, nos anos de 1990, com a promulgação da Lei nº 9394 em 1996, a Lei de Diretrizes e Bases da Educação (LDB), tem início uma nova etapa de reformas que visaram atingir não mais projetos pedagógicos isolados, mas sim regulamentar todo sistema de educação nacional.

Não obstante, as Diretrizes e Bases da Educação não estabeleceu nenhuma definição da Educação Ambiental, nem fez qualquer menção expressa sobre a mesma de forma direta, apenas pequenos trechos dão algum indício vagamente sobre a intenção de tratar esse tema.

Em 1999, a Lei nº 9.795 criou a Política Nacional de Educação Ambiental (PNEA), que dispõe sobre a Educação Ambiental em diferentes níveis de ensino, propondo sua abordagem não como uma disciplina, e sim como um trabalho interdisciplinar e transversal. Esta disposição é coerente com os princípios considerados até recentemente, contudo, não faz relação a formas práticas e questões metodológicas de abordagens, nem se preocupa com o oferecimento de condições ao setor educacional público para implementá-la.

No mesmo ano, foi formulado o Programa Nacional de Educação Ambiental (ProNEA), em complemento a Política Nacional de Educação Ambiental, e para dar mais visibilidade a Educação Ambiental no país. Por sua vez, apenas em 2002 a Política Nacional de Educação Ambiental obteve licitude, quando foi regulamentada pelo Decreto Federal nº 4.281.

Em 1999 foi instituída a Lei nº 9.795, que em seu Art. 1º delineia a Educação Ambiental como processos por meio dos quais o indivíduo e a coletividade constroem valores sociais, conhecimentos, habilidades, atitudes e competências voltadas para a conservação e preservação do meio ambiente, bem de uso comum do povo, essencial à sadia qualidade de vida e sua sustentabilidade.

1.2 O cerne da Educação Ambiental

A Educação Ambiental deve centrar-se na educação para promover a consciência ambiental em todo o ambiente de convívio humanos, visando gerar uma preocupação nas pessoas, que se torne um compromisso de fazer algo pelo meio ambiente, tanto individual como coletivamente, em qualquer escala. O modo de viver de cada indivíduo, quando melhorado ou modificado com atitudes mais sustentáveis, pode fazer toda diferença.

Neste aspecto, a Educação Ambiental não deve

ser limitada à prestação de informações, mas deve ajudar as pessoas a reconsiderar suas concepções errôneas sobre os diferentes problemas ambientais, e estudar e refletir sobre os sistemas de valores comumente aceites mais ou menos explícito. Em síntese, a Educação Ambiental busca promover a mudança social através do desenvolvimento de valores, atitudes e habilidades nos cidadãos, para que estes assumam a sua responsabilidade social e ambiental [4].

As condições ambientais são o resultado de escolhas sociais, políticas, econômicas, culturais e tecnológicas, e não apenas de natureza física, por isso, a Educação Ambiental deve ter como objetivo estabelecer um novo conjunto de valores para orientar os cidadãos em suas decisões, e proporcionar uma atitude de responsabilidade com o meio ambiente e os espaços de convívio da sociedade.

Conjuntamente, as organizações públicas, as empresas privadas, os representantes políticos, as organizações não governamentais (ONGs), a mídia, as instituições de ensino e financeiras, os educadores e cidadãos, precisam procurar soluções para sanar e/ou mitigar os atuais problemas ambientais enfrentados pela sociedade.

A Educação Ambiental é uma ferramenta formidável para a sensibilização da sociedade, visando solucionar os graves problemas ambientais. A EA pode ser utilizada para melhorar as relações dos seres humanos com o meio ambiente, e resolução de problemas sociais e ambientais.

Nessa perspectiva, Denicol e Conto (2014) afirmaram que, a Educação Ambiental é entendida como uma necessidade formativa permanente de todos os cidadãos, cabendo a todos os setores da sociedade, às instituições de ensino, à iniciativa privada e ao poder público propor ações e políticas que contemplem a mesma no seu planejamento e na sua gestão.

Educação Ambiental é uma forma abrangente de educação, que busca atingir todos os cidadãos através do ensino formal ou por meio de ações informais. O principal desafio da Educação Ambiental é conscientizar a sociedade, diante das crescentes transformações dos espaços urbanos e ecossistemas.

> A Educação Ambiental tem uma influência significativa sobre a consciência ambiental do indivíduo. Por isso, a EA deve ser parte de uma mudança e transformação cultural, de frente para uma ética ambiental. Deste modo, podemos dizer que a EA é, sobretudo, uma educação para a ação, a partir de uma abordagem global e interdisciplinar, facilitando uma melhor compreensão dos processos ecológicos, econômicos, sociais e culturais [4 e 19].

Apesar de sua importância, tem-se verificado uma série de dificuldades de desenvolvimento da Educação Ambiental ou mesmo o desenvolvimento de ações equivocadamente compreendidas como Educação Ambiental, nos diferentes espaços formativos, as quais dificilmente assumem um caráter efetivamente interdisciplinar, possivelmente em função, inclusive da dificuldade de se compreender o que venha a ser essa interdisciplinaridade que tanto se propõe [33].

Giesta (2012) destaca o fato de não haver uma unanimidade no conceito de Educação Ambiental, segundo a pesquisadora:

> mesmo com o aumento significativo de fóruns de debates sobre a temática, os pressupostos que guiam os teóricos estão longe de ser um consenso. Isso indica a necessidade ainda existente de discussão e reflexão sobre a teoria e sobre a prática. Tendo em vista isso, é possível supor que, ao longo dos anos, foram tratadas várias "educações ambientais", norteadas por diversas vertentes, pressupostos, ideologias, políticas e metodologias.

Deste modo, ainda que a proposição da interdisciplinaridade não coloque em questão a organização disciplinar da ciência moderna, aponta para a necessidade de que tais fragmentos sejam abordados no âmbito de suas intrínsecas relações. Isso porque, por mais que se consiga – e seja imprescindível – subdividir a realidade no campo teórico, para facilitar o seu estudo, existem componentes que estão inexoravelmente interligados, como deveria ocorrer no caso da Educação Ambiental [33].

Nessa perspectiva, a Educação Ambiental deve proporcionar um enfoque holístico que possibilite o indivíduo a compreensão do complexo ambiente natural e as interrelações entre o homem e suas transformações dos aspectos biológicos, físicos, sociais, econômicos e culturais do meio em que vive.

As transformações mais perceptíveis pelos cidadãos são a exploração excessiva dos recursos não renováveis, poluição do ar, rio e água, e a atual relação de consumo exacerbado, que tem contribuído para uma crescente produção de resíduos sólidos, que representa um risco para a degradação dos ecossistemas.

A partir desta percepção, e como uma solução de proteção da natureza, a Educação Ambiental é uma opção de conscientização da população, contra a degradação do meio ambiente. Para tanto, é preciso que os cidadãos adquiram conhecimentos dos impactos negativos de suas ações, e tomem decisões acertadas no ato do consumo.

Novamente, é indispensável a promoção de ações que estimulem a adoção de práticas sustentáveis de produção e consumo, além de práticas empresariais e dos órgãos públicos socialmente responsáveis, com intuito de ampliar a coleta seletiva.

PARTE 2

Coleta seletiva

O ser humano, tanto individualmente e organizados em um grupo social de qualquer nível de escala e complexidade, tem uma grande capacidade de modificar os recursos do meio ambiente, e produzir novas substâncias capaz adicionar novos elementos físicos, químicos e biológicos aos ecossistemas.

Em meio aos novos elementos adicionados pelo ser humano a natureza, podemos citar os resíduos sólidos, que segundo Gonçalves-Dias (2015) cada vez mais aumentam o "monte de lixo" formado por resíduos industriais e produtos obsoletos descartados na natureza.

Para a pesquisadora, esse fenômeno é difícil de ser freado, devido ao crescimento da produção, consumo e descarte acelerado pela obsolescência programada dos produtos, pela multiplicação de novos modelos e versões constantemente colocados à disposição do público (Id., Ibid.).

Está se criando, assim, uma ideologia global consumista que se propaga com relativa independência em relação às práticas concretas de consumo de que continuam arredadas as grandes massas populacionais da periferia. Estas são duplamente vitimizadas por este dispositivo ideológico: pela privação do consumo efetivo e pelo aprisionamento no desejo de ter. Pior que reduzir o desejo ao consumo é reduzir o consumo ao desejo do consumo [40].

Subjacente, a prevenção da geração de resíduos sólidos tornou-se um desafio ambiental de dimensões inéditas. Logo, é preciso que os cidadãos adquiram conhecimento dos impactos negativos de suas ações, e, tomem decisões acertadas no ato do consumo, tão como os agentes governamentais e do setor privado procurem implantar medidas que focalizem a prevenção da geração de resíduos sólidos.

O que se requer é uma redução na geração de resíduos sólidos, que vá além da mera substituição de produtos poluentes por verdes ou limpos, com o mesmo ou maior nível de consumo. Os novos sistemas de produção devem ter como premissa, a reutilização, o reaproveitamento e a reciclagem.

A reciclagem é um conjunto de técnicas que, para Marchi (2011) tem por finalidade aproveitar os resíduos sólidos e reutilizá-los no ciclo de produção de que saíram. Este elemento está ligado a uma ferramenta gerencial intitulada logística de fluxos de retorno ou Logística Reversa, que recupera produtos, reintegrando-os aos ciclos produtivos e de negócios.

Como a geração de resíduos sólidos é ininterrupta, uma vez que o consumo por parte da população é diário, Paschoalin Filho et al. (2014) argumentam que há a necessidade de implementar serviços de coleta seletiva, além de promover ações de reciclagem, de maneira a valorar os resíduos sólidos descartados e reduzir os volumes enviados para aterros.

Para a implantação de ações visando a reciclagem dos resíduos sólidos, inicialmente, deve-se pensar em parcerias como elementos essenciais para viabilizar os programas de coleta seletiva, conciliando a necessidade de criar infraestrutura necessária para tornar o programa efetivo.

2.1 Programas de coleta seletiva

A efetividade de programas e iniciativas de coleta seletiva requer, necessariamente, o envolvimento da população, considerada na extrema da cadeia de produção e consumo, os principais geradores dos resíduos sólidos.

Neste contexto, as políticas públicas de conscientização da população acerca da importância da coleta seletiva dos resíduos sólidos são muito importantes para o sucesso do gerenciamento. O objetivo principal da gestão deve focar na minimização da geração de resíduos sólidos, proporcionar a coleta adequada, transporte, tratamento ou disposição final ambientalmente correta.

Apesar da importância da coleta seletiva, tanto na redução dos volumes de resíduos sólidos enviados para os aterros sanitários, como na valoração econômica dos resíduos sólidos recicláveis, Paschoalin Filho et al. (2014) ponderam que:

ainda se nota por parte de alguns municípios a ocorrência de programas pouco maduros e com baixa eficiência, que pouco colaboram na solução dos problemas de gestão de resíduos sólidos. Além disso, ainda existem diversas municipalidades que não têm programas implantados de coleta seletiva, mesmo com a exigência da PNRS.

A PNRS define a coleta seletiva como a "coleta de resíduos sólidos urbanos previamente segregados, conforme sua constituição ou composição". A coleta seletiva é um dos mecanismos empregados para a destinação final adequada de uma parcela dos resíduos sólidos recicláveis.

A coleta separada é um processo de seleção de materiais recicláveis, como papel, vidro, plásticos e metais. Para a separação dos resíduos sólidos recicláveis, a Resolução do Conselho Nacional do Meio Ambiente (CONAMA) nº 275 de 2001, estabelece um código de cores para distinguir os recipientes de diferentes tipos resíduos sólidos.

As cores dos recipientes representam o tipo de resíduo que cada um deve receber no processo de separação seletiva dos resíduos sólidos. Basicamente, estes já não correspondem mais as necessidades do setor, por isso, existe uma discussão para mudar essa classificação das cores dos recipientes, pois não há necessidade de tantos coletores.

A coleta seletiva não é viável com a coleta

separada em vários tipos de recipientes coletores. Para viabilidade da coleta seletiva seria necessários apenas três tipos de coletores, um para resíduos sólidos secos recicláveis, um para resíduos sólidos recicláveis úmidos, e um para os resíduos sólidos não recicláveis/rejeitos.

A coleta dos resíduos separados por tipos é uma das opções para enfrentar o problema da disposição final inadequada. A coleta e disposição final apresenta-se como um dos maiores desafios a ser enfrentado pela sociedade moderna, devido à quantidade crescente de geração, os gastos financeiros relacionados a seu gerenciamento, os impactos negativos ao meio ambiente, animais e à saúde do ser humano.

O acúmulo contínuo dos resíduos sólidos no decorrer do tempo aumenta seu volume. Nesse contexto, compete a administração pública municipal a responsabilidade de organizar, gerenciar e prestar os serviços públicos de coleta dos resíduos sólidos, fazer o tratamento e/ou a sua disposição final, que deve ser apropriada.

O poder público torna-se peça chave no serviço de coleta e disposição dos resíduos sólidos, adotando a coleta seletiva. O serviço de coleta seletiva prestado pelos municípios brasileiros avançou nos últimos anos, mas ainda se encontra muito aquém dos patamares necessários para efetivamente reduzir a quantidade de resíduos sólidos potencialmente recicláveis que ainda são dispostos em aterros ou lixões, tão como os impactos negativos decorrentes.

A efetividade de programas e iniciativas de coleta

seletiva requer necessariamente o envolvimento dos cidadãos, os geradores dos resíduos sólidos. A sensibilização da população é um fator determinante para a eficiência da segregação dos resíduos sólidos urbanos. A eficácia da coleta seletiva implica o envolvimento de diferentes agentes, tais como: os catadores de materiais recicláveis, o governo local, comunidade e empresas.

A participação proativa de diferentes atores sociais nos programas de coleta seletiva é importante para o seu sucesso. Da mesma forma que a implantação dos programas pelas municipalidades. A coleta seletiva é um elemento-chave para a inclusão dos catadores de materiais recicláveis, por meio de associações ou cooperativas.

Os catadores de materiais recicláveis ligados às cooperativas ou associações são agentes que podem colaborar com a redução dos impactos ambientais negativos decorrentes dos resíduos sólidos, quando descartados inadequadamente, ao mesmo tempo em que a comercialização dos materiais recicláveis é fonte de renda para sua família, daí a importância da coleta seletiva e, o relevante papel desses trabalhadores perante a sociedade.

A PNRS reconhece as organizações de catadores de materiais recicláveis como agentes fundamentais na cadeia de reciclagem no país, pelo trabalho desenvolvido na coleta seletiva de materiais recicláveis. Pela ação anônima e precária desses profissionais, a coleta seletiva de resíduos sólidos ocorre de forma difusa em grande parte das regiões, principalmente em programas piloto de ONGs, entidades religiosas e universidades.

De acordo com a PNRS, os municípios que implantarem a coleta seletiva com a participação de cooperativas ou associação de catadores de materiais recicláveis, formadas por pessoas físicas de baixa renda terão prioridade no acesso aos recursos repassados pelo governo federal.

Do mesmo modo que, faculta-se a municipalidade privilegiar com incentivos econômicos os consumidores e empresas que participarem dos programas de coleta seletiva e logística reversa.

A PNRS vai além da simples valorização do trabalho desempenhado pelos catadores de materiais recicláveis, recomendando a priorização de parcerias entre empresas e estes profissionais, organizados em cooperativas ou associações, para a realização de atividades de Logística Reversa.

Não obstante, grande parte das cooperativas e associações de catadores de materiais recicláveis enfrentam a falta de infraestrutura para coletar, transportar, acondicionar ou armazenar grandes quantidades de resíduos sólidos, impossibilitando as parcerias e/ou as vendas diretas para a indústria de reciclagem.

Basicamente, isto significa que algumas não conseguem fazer parcerias, e, por conseguinte, são obrigadas a vender para atravessadores, comprometendo seus ganhos e a própria sustentabilidade de suas operações.

Essa conjetura sinaliza a necessidade de apoio institucional das municipalidades para as cooperativas e associações de catadores de materiais recicláveis, para aquisição de equipamentos, galpões de triagem e veículos para coletar e transportar, já que grande parte dessas organizações carece da infraestrutura operacional. A inclusão desses atores sociais conforme a PNRS deve passar pelo apoio técnico, financeiro e aquisição de infraestrutura.

Baptista (2015) adverte que o modelo de coleta seletiva e as políticas públicas voltadas ao tema ainda padecem dessa dissociação entre os núcleos que pensam e executam as políticas. E isso impacta o desenvolvimento das atividades das cooperativas e associações, por suas necessidades não serem observadas no momento da criação das políticas.

O que seria um tanto óbvio, uma vez que, se os afetados pela política não são parte do processo de elaboração, muitas partes significativas do processo não são consideradas, o que enfraquece a política pública em si. E mais, cria-se uma política que não observa atores que atravessam esse sistema, enfraquecendo as possibilidades dessa política [6].

Quando o programa de coleta seletiva idealizado mescla a participação de todos os atores sociais da sociedade envolvidos [...], a coleta correta dos resíduos sólidos e, a conscientização dos cidadãos poderá ser feita cada vez em uma maior proporção, diminuindo assim as impurezas ambientais trazidas nos resíduos sólidos coletados.

Para tanto, as campanhas desenvolvidas precisam ser repensadas, entendidas e implementadas como uma importante estratégia de planejamento tênue para sensibilização dos cidadãos, sem a qual os esforços seguintes podem não apresentar os resultados almejados.

A coleta seletiva e a reciclagem têm um papel muito importante para recuperar matérias-primas que de outra maneira seriam tiradas da natureza, já que os materiais coletados são reusados, reaproveitados ou remanufaturados, retornando como matéria-prima ou novos produtos para o ciclo de negócios.

Estrategicamente, a reciclagem reduz o consumo de energia que seria usada para produzir e extrair recursos naturais, diminui a poluição do solo, água e ar, contribui para a geração de empregos e renda, diminui os gastos com a limpeza urbana e manejo dos resíduos sólidos, além contribuir para preservação dos recursos naturais.

Com a iminência possibilidade do esgotamento dos recursos naturais não renováveis, aumenta a necessidade da reutilização, reaproveitamento e remanufatura dos materiais recicláveis e produtos em condições de uso.

Paschoalin Filho et al. (2014) consideram que a geração de resíduos sólidos, sua coleta e destinação final são grandes preocupações nas atribuições dos órgãos responsáveis pela limpeza pública nos municípios brasileiros. O que exige uma gestão consciente de seu manejo e destinação, tanto na esfera pública como na privada.

A necessidade de desenvolver uma infraestrutura para coletar os resíduos sólidos e produtos pós-consumo, e identificar alternativas para assegurar a reutilização, reaproveitamento ou destinar de forma segura os rejeitos, são atividades ainda incompreensíveis à maior parte das empresas brasileiras.

Os municípios do país ainda têm muito que avançar na formalização e implantação de iniciativas de coleta seletiva, pois do total de 5.565 municípios brasileiros, apenas 3.878 têm alguma iniciativa/programa de coleta seletiva [2].

Como já dito anteriormente, apesar do baixo índice de programas ou iniciativas municipais de coleta seletiva, alguns municípios tiveram ações interrompidas por má aceitação da comunidade, erros no planejamento, custos elevados, e a falta de infraestrutura operacional adequada para executar as atividades.

Diante desta perspectiva, os programas de coleta seletiva municipais necessitam de constante monitoramento e avaliação, a fim de identificar gargalos e minimizar os riscos de insucesso. Essencialmente, mesmo os pequenos municípios com recursos financeiros limitados, não podem ignorar os impactos ambientais negativos da geração diária de resíduos sólidos, e deixar de ter um programa de coleta seletiva.

Pode-se até dizer que, há a necessidade de informação e divulgação dos programas de coleta seletiva implantados nos municípios do país, no que se referem às diretrizes, princípios, instrumentos, práticas e modalidades de coleta seletiva adotada.

Conforme Bringhenti e Günther (2011), que reforçam, entre argumentos, que a comunidade deve ser sensibilizada, motivada e os conceitos e práticas precisam ser assimilados e incorporados no cotidiano da população envolvida, com vistas a assegurar sua operacionalização, viabilidade e continuidade, fatores fundamentais para se atingir os resultados esperados e garantir sua sustentabilidade.

Os programas de coleta seletiva de resíduos secos no Brasil e no mundo, em geral segundo a ABRELPE (2015b), apresentam duas modalidades básicas que são:

> ➢ Porta a Porta: coleta realizada em dias específicos da semana, com equipamentos adequados, coletando os materiais pré-separados nos domicílios. O poder público responsável trafega pelas vias das cidades, recolhendo os resíduos sólidos disponibilizados.

> ➢ Postos de Entrega Voluntária: consiste no uso de caçambas ou contêineres instalados, geralmente, em pontos estratégicos para onde a população possa levar os materiais previamente segregados.

No Brasil, é possível encontrar um *mix* das duas modalidades citadas, em programas de coleta seletiva desenvolvidos apenas pelos próprios municípios; programas de coleta seletiva operados pelos catadores de materiais recicláveis em parceria com os municípios; e/ ou em programas de coleta seletiva executados informalmente apenas por organizações de catadores de materiais recicláveis.

A maioria das iniciativas de coleta seletiva desenvolvidas no país são realizadas informalmente, na maioria das vezes são implantadas e operacionalizadas na forma de programa piloto específico, executado por organizações não governamentais. As primeiras iniciativas de coleta seletiva foram implantadas no Brasil a partir da década de 1980.

Em 1989, de acordo com Paschoalin Filho (2014) foram conduzidas na cidade de São Paulo as primeiras iniciativas em relação à promoção da coleta seletiva de materiais secos, que após um período de descontinuidade o projeto foi retomado em 2002, quando a gestão municipal daquela época implantou o programa de coleta seletiva solidária. Naquele mesmo ano, também foram implantadas centrais de triagem, e efetuados acordos e convênios com cooperativas de catadores de materiais recicláveis.

Nos anos 2000, mais iniciativas de programas de coleta seletiva surgiram em outros municípios do país, contudo, Jacobi e Besen (2011) contam que, a ausência durante mais de vinte anos de uma Política Nacional de Resíduos Sólidos e, de vontade política dos gestores municipais gerou um passivo ambiental de lixões e aterros sanitários controlados, e ainda a necessidade de construção de novos aterros sanitários em razão do esgotamento da vida útil da maioria dos existentes.

Esses fatos, seguido da ineficiência das políticas públicas ao longo dos anos, impediram avanços importantes relativos a coleta seletiva e maior efetividade das ações de reciclagem, tratamento e disposição final correta dos resíduos sólidos, propiciando um passivo ambiental considerável para os municípios.

A constituição federal responsabiliza o poder público municipal a zelar pela limpeza urbana e pela coleta e destinação correta dos resíduos sólidos. Isto leva ao conceito de coleta seletiva.

Embora nos últimos anos a taxa de autorizações para instalação de programas de coleta seletiva vem aumentando no Brasil, muito pouco tem sido feito ou mesmo discutido em relação aos resíduos úmidos presente nos resíduos sólidos coletados no país.

2.2 Coleta seletiva de resíduos úmidos

Os resíduos úmidos não são coletados separadamente na maioria dos municípios brasileiros, apesar dos números mostrarem que estes representam a maior quantidade, em percentuais representam 51,4% dos resíduos sólidos coletados no país [3]. Nesse campo, o desafio apresentado para os municípios do país ainda é bastante considerável.

Rodrigues e Santana (2012) em pesquisa realizada no município de Palmas, no Estado do Tocantins, concluíram que há uma série de circunstâncias que dificultam a implantação e a manutenção da coleta seletiva, e que precisam ser confrontados com os benefícios reais que esse sistema pode gerar.

Os resultados obtidos pelos pesquisadores indicam que os custos orçamentários necessários para a implantação e a manutenção da coleta seletiva são consideráveis, além do fato de em muitos municípios não existir uma cultura ambiental forte o bastante para que se promova a implantação do sistema. Em sua maioria, as cidades usam um sistema tradicional de coleta de resíduos residenciais, em que há veículos que recolhem e acondiciona em recipientes abertos ou fechados sem seleção dos materiais recicláveis.

Com o crescente apelo para adoção de práticas ambientais politicamente corretas, esse cenário pode mudar. Entre as práticas ambientais, a coleta seletiva é uma tendência crescente.

A coleta seletiva emprega a coleta dos resíduos sólidos selecionados por categorias, com entrega em postos de coleta ou recolhidos por veículos públicos, empresa contratada pela prefeitura ou por catadores de materiais recicláveis (Figura 2.2).

Figura 2.2 – Processo da Coleta Seletiva

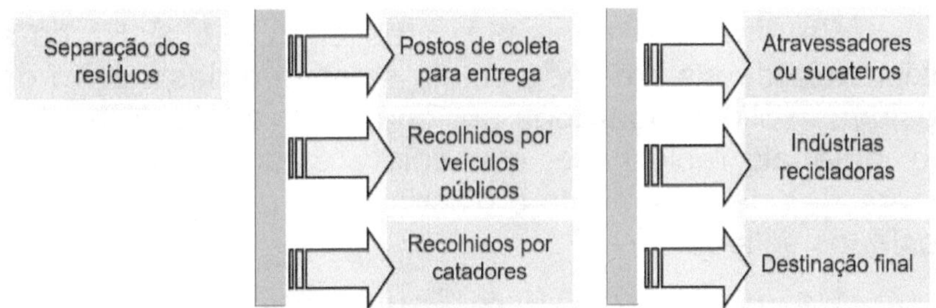

Fonte: Autoria do autor (2018).

No Brasil, a prefeitura do município é responsável pela política de limpeza urbana, e por isso, de forma direta pela coleta e tratamento dos resíduos sólidos. O serviço de coleta seletiva, se implantado, geralmente é realizado pelas próprias prefeituras, por empresas prestadoras de serviços contratadas pelos gestores e/ou por associações ou cooperativas de catadores de materiais recicláveis.

Quando a coleta seletiva acontece com a participação direta dos catadores de materiais recicláveis, em alguns casos a prefeitura disponibiliza recursos logísticos (galpão de triagem, caminhões, equipamentos e materiais) necessários para operacionalizar o processo de coleta, transporte, triagem e comercialização dos materiais recicláveis.

Historicamente, no Brasil, a coleta seletiva com a participação dos catadores de materiais recicláveis tem sido rotulada de uma série de maneiras ao longo dos anos: joint-responsabilidade, coleta seletiva de lixo, coleta seletiva de lixo socialmente inclusiva e de coleta seletiva de lixo sustentável [10].

Em diversos municípios brasileiros já é realidade a existência de sistemas de coleta seletiva e destinação de resíduos sólidos operados por cooperativas de catadores de materiais recicláveis, que coleta e realiza as demais operações de tratamento e disposição final adequada dos resíduos sólidos.

Na cidade de São Paulo existe um grande contingente de catadores de materiais recicláveis organizados. Com a expansão da coleta seletiva, se bem conduzida, com transparência e diálogo com os atores envolvidos, no futuro poderá representar uma oportunidade de reduzir os custos da cidade com os serviços de manejo dos RSU, gerar milhares de postos de trabalho e promover maior corresponsabilização dos cidadãos com a limpeza e a sustentabilidade urbana [25].

Deve-se, ainda, considerar que, para atender as diretrizes da PNRS, a indústria e o setor comercial deverão instituir a coleta seletiva e operar modelos de fluxos reverso, ou fazer parcerias com outras organizações que trabalha no manejo de resíduos sólidos. Neste aspecto, entre os atores sociais envolvidos na coleta seletiva no Brasil, destaca-se o trabalho espontâneo desempenhado pelos catadores de materiais recicláveis.

PARTE 3

Caracterização dos resíduos sólidos

O crescimento acentuado da população e a forte industrialização das sociedades modernas, tem ocasionado uma crescente urbanização das cidades, e, por conseguinte, o aumento da geração de resíduos sólidos. Os resíduos sólidos são comumente denominados por "lixo", mas o termo usado no meio científico é Resíduos Sólidos Urbanos (RSU).

A palavra resíduo deriva do latim *"residuu"*, e significa sobra de substâncias, acrescido de sólido para se diferenciar de resíduos líquidos e gasosos.

Para Comissão do Texas sobre Qualidade Ambiental, os RSU incluem lamas provenientes de uma estação de tratamento de águas residuais, estação de tratamento e abastecimento de água, ou recurso de controle de poluição do ar, e outros materiais descartados, incluindo sólido, líquido, semissólido, ou material gasoso resultante da indústria, limpeza urbana, atividades comerciais, mineração e operações agrícolas e de atividades comunitárias e institucionais [41].

A definição da Associação Brasileira de Normas

Técnicas (ABNT) segue a mesma lógica, descrevendo os resíduos sólidos como:

> "resíduos nos estados sólido e semissólido, que resultam de atividades de origem industrial, doméstica, hospitalar, comercial, agrícola, de serviços e de varrição. Ficam incluídos nesta definição os lodos provenientes de sistemas de tratamento de água, aqueles gerados em equipamentos e instalações de controle de poluição, bem como determinados líquidos cujas particularidades tornem inviável o seu lançamento na rede pública de esgotos ou corpos de água, ou exijam para isso soluções técnicas e economicamente inviáveis em face a melhor tecnologia disponível" (NBR 10.004: 2004).

Por ter origem em diferentes fontes, os resíduos sólidos têm uma composição muito variada, e a sua produção também é muito heterogênea, em conformidade com a fonte que o produz. A produção de resíduos sólidos está ligada diretamente ao modo de vida, cultura, economia, a alimentação, higiene e consumo humanos.

No Brasil, em função da origem que são gerados, os resíduos sólidos são classificados como: domiciliares, de estabelecimentos comerciais, de serviços públicos, industriais, de serviços de saúde e hospitalar, da construção civil, agrossilvopastoris, de serviços de transportes (portos e terminais rodoviários e ferroviários), da mineração e entulho (Tabela 3.1).

Tabela 3.1 – Classificação dos resíduos sólidos quanto a origem

Origem dos resíduos	Descrição das características
Domiciliares	Gerados nas residências e constituídos por restos de alimentos, materiais potencialmente recicláveis, como metal, plástico, vidro, papéis em geral, além de lixo sanitário e tóxico;
Comerciais	Provenientes das atividades comerciais e de serviços, tais como supermercados, lojas, bares e restaurantes;
Agrossilvopastoris	Resultado das atividades pecuaristas e agrícola;
Serviços Públicos	Resíduos originados dos serviços de varrição de áreas públicas urbana;
Industriais	Este resíduo varia conforme a atividade da indústria, incluindo nesta categoria a grande maioria do lixo considerado tóxico;
Serviços de Saúde	Constituem-se em resíduos sépticos como agulhas, seringas, gazes, órgãos e tecidos removidos, luvas, remédios com validade vencida e materiais de raios-X;
Serviços de Transportes	Constituídos basicamente por materiais de higiene pessoal e restos de alimentos, os quais podem conter germes patogênicos provenientes de outras cidades, estados e países;
Construções Civil	São gerados nas construções, reformas, reparos e demolições de obras de construção civil, incluídos os resultantes da preparação e escavação de terrenos para obras civis;
Mineração	São os gerados na atividade de pesquisa, extração ou beneficiamento de minérios;
Entulhos	Resíduos da construção civil, como materiais de demolição e restos de obras.

Fonte: Adaptado de (BRASIL, 2010).

Alguns resíduos sólidos são classificados quanto sua origem, como sendo perigosos, por apresentar riscos à saúde pública, animais e ao meio ambiente, quando manuseados de forma inadequada, por possuírem características como inflamabilidade, toxicidade, reatividade, corrosividade e patogenicidade.

O manejo e tratamento desses resíduos são regulamentados por legislação própria específica, via resoluções do Conselho Nacional do Meio Ambiente, órgão vinculado ao Ministério do Meio Ambiente. O Conselho é composto por representantes dos governos federal, estadual e municipal, representantes de empresas, ONGs e integrantes da sociedade civil organizada.

Os resíduos sólidos também são classificados segundo suas características físicas como sendo secos ou úmidos, dependendo de sua natureza física e, de acordo com sua composição química, é classificado em matéria orgânica e matéria inorgânica.

Não obstante, na maioria das vezes os resíduos sólidos "secos" (papel, papelão, plástico, PET.) são denominados de forma errônea como "não orgânicos", apesar de sua composição química tem origem da matéria orgânica.

Os resíduos orgânicos têm origem da matéria animal ou vegetal, são resultantes de atividades pecuaristas, agrícolas ou de estabelecimentos alimentícios e indústrias, sendo derivados de restos de alimentos, folhas, sementes, legumes, frutas e grãos, lodo de estações de tratamento de água e piscinas, e cinzas da incineração de resíduos agrossilvopastoris.

No que concerne aos resíduos sólidos inorgânicos, eles resultam de produtos industrializados, fabricados geralmente dos minerais e/ou da combinação de dois ou mais elementos químicos.

São considerados de difícil decomposição pela natureza, em função de suas características físico-química, e da natureza da destinação a que são produzidos, alguns podem ser reciclados e outros não. Os principais resíduos inorgânicos são derivados de metais, entulho de demolição e resíduos vítreos.

As propriedades físicas, químicas e biológicas dos resíduos sólidos diferem imensamente em muitos casos, dependendo dos fatores, tais como a área de coleta (rural, urbano, industrial ou comercial), período sazonal, renda da população, país, locais de variações e os níveis de reciclagem já passados.

Os resíduos sólidos gerados nos países em desenvolvimento têm um teor mais elevado de matéria orgânica, do que os gerados em países industrializados. Essa ocorrência cria problemas em alguns países por causa da falta de aterros sanitários suficientes e um sistema apropriado de gestão e gerenciamento de resíduos sólidos urbanos [38].

A disposição final inadequada de ambos os tipos de resíduos sólidos pode contaminar o solo, a lavoura, a água e o ar, os vegetais e os animais, pela dispersão do líquido percolado do chorume produzido no processo de fermentação e decomposição dos resíduos sólidos, através da emissão de odores e substâncias químicas pesadas, como níquel, cádmio, chumbo, zinco e mercúrio, que podem causar graves danos ao sistema nervoso e até o câncer.

Uma solução de tratamento para os resíduos sólidos úmidos é a compostagem, através da produção de adubo, biocombustível e/ou biogás; e os resíduos secos podem ser reutilizados ou reaproveitados em outras atividades produtivas, quando não for possível, faz-se o tratamento via reciclagem ou disposição final dos rejeitos no aterro sanitário.

O ideal seria a não geração de resíduos sólidos, mas, dificilmente as pessoas deixarão de gerá-los, em função das atividades humanas do dia a dia. Desse modo, pode-se dizer que, buscar alternativas economicamente viáveis para minimizar a produção, reutilizar ou reciclar estes resíduos é imprescindível.

Um bom gerenciamento de resíduos sólidos deve dar prioridade à não produção, minimização, reutilização e a reciclagem de todos os resíduos sólidos decorrentes de atividades humanas [14].

A gestão dos resíduos sólidos constitui-se em um problema emergente da sociedade moderna, e nesse processo, atitudes como a reutilização, reaproveitamento e a reciclagem dos resíduos sólidos podem ajudar a diminuir parte deste problema.

3.1 Geração de resíduos sólidos no Brasil

No Brasil, a geração de Resíduos Sólidos Urbanos (RSU) em 2016 totalizou 78,3 milhões de toneladas, o que representa uma redução de 2% no montante gerado em relação à 2015. Em 2015 a geração foi de 78,6 milhões de toneladas, conforme dados da pesquisa anual da Associação Brasileira de Empresas de Limpeza Pública e Resíduos Especiais (ABRELPE, 2016).

Em 2016, cada brasileiro produziu o montante de 1,040 kg de resíduos sólidos por dia, o que representa uma redução de 2,9% na quantidade gerada de 2015 para 2016. A geração total de resíduos sólidos, por sua vez, sofreu queda de 2%, e chegou a 214.405 toneladas por dia de resíduos gerados no país[2].

O panorama da ABRELPE mostrou que a quantidade de resíduos sólidos urbanos coletada em 2016 caiu com relação ao ano anterior. A região Sudeste foi responsável por 52,7% do total, e apresenta o maior percentual de cobertura dos serviços de coleta de resíduos sólidos do país, seguida pela região Nordeste, com 22% de cobertura, o Sul com 10,7%, o Centro-Oeste 8,2% e o Norte com 6,4%.

Com base ano anterior, a execução direta de tal serviço aumentou na região Sudeste e caiu na região Nordeste, na primeira o índice passou de 52,6% para 52,7%, conquanto na segunda o percentual caiu de 22,1% para 22% do total, as demais regiões mantiveram os percentuais do ano anterior[2].

Conforme a ABRELPE a comparação entre a quantidade de resíduos sólidos gerada e o montante coletado em 2016 perfez 71,3 milhões de toneladas, o que representa um percentual de cobertura de coleta de 91%. Não obstante, cerca de 7 milhões de toneladas de RSU não foram coletadas no país, e consequentemente tiveram destinos inapropriados.

Os números mostram que houve um retrocesso na quantidade de RSU coletada no país. Apenas a região Sudeste registrou um avanço em 2016. Mesmo com a Política Nacional de Resíduos Sólidos - PNRS (Lei n° 12.305/2010) em vigor, a quantidade de resíduos sólidos coletada não evoluiu muito no período de 2010 a 2014, fase de adequação dos municípios a nova lei.

Conforme a PNRS os municípios tinham até o dia 3 de agosto de 2014 para fazer adequações quanto a destinação adequada dos resíduos sólidos. Pela lei, apenas os rejeitos, quando não houver processos técnicos economicamente viáveis e socialmente corretos, devem ser dispostos em aterros sanitários, considerados como a forma de disposição final ambientalmente mais apropriada.

O fato mais preocupante é que, do montante total de resíduos sólidos coletados em 2016, a quantidade destinada a locais inadequados também aumentou, foram 29,7 milhões de toneladas, ou seja, 41,6% que seguiram para lixões ou aterros controlados, os quais do ponto de vista sanitário pouco se diferenciam dos lixões, por não possuem o conjunto de sistemas necessários para a proteção do meio ambiente e deterioração [2].

A prática da disposição final inadequada de resíduos sólidos ainda ocorre em todas as regiões e estados brasileiros, são cerca de 3.331 municípios que ainda fazem uso dessas instalações impróprias para destinação de seus resíduos sólidos. No país, em 59,89% dos municípios os resíduos sólidos ainda não são tratados adequadamente [2].

A PNRS regulamentada desde 2010, representa uma nova perspectiva para mudar esse cenário, pois além de regulamentar a gestão adequada dos resíduos sólidos, estabelece a elaboração de um Plano Municipal de Gestão Integrada de Resíduos Sólidos (PMGIRS), inclusive condicionados à existência do PMGIRS para o repasse de recursos federais para os municípios fazerem a gestão dos RSU.

Complementarmente, a PNRS prenuncia a responsabilidade compartilhada no processo de gestão dos resíduos sólidos, entre os geradores; municípios, DF e territórios federais; fabricantes; comerciantes; importadores; distribuidores e consumidores.

No caso específico dos municípios, um número considerável ainda não tem recursos financeiros e humanos para fazer a gestão dos resíduos sólidos como determina as diretrizes da lei. Dessa forma, a gestão e o gerenciamento apropriado dos resíduos sólidos é comprometido. Um dos maiores desafios da gestão é fazer a disposição adequada dos resíduos sólidos e implantar a coleta seletiva.

PARTE 4

A cadeia de materiais recicláveis

A cadeia produtiva dos recicláveis brasileira concentra milhares de empresas que se auto-intitulam socialmente responsáveis, mas que, muitas vezes se beneficiam de um ciclo vicioso de exploração do trabalho geralmente empreendido pelos catadores de materiais recicláveis.

Os catadores de materiais recicláveis são trabalhadores que recolhem resíduos sólidos recicláveis nas ruas e empresas, classificam e vendem os materiais recolhidos. Esses profissionais na maioria dos casos trabalham de forma independente, informalmente, mas uma parcela considerável já atua por meio de cooperativas e associações formais.

Estes trabalhadores têm a disponibilidade e o conhecimento para distinguir como o resíduo deve ser separado, visando posteriormente a comercialização do mesmo. Para alguns, o trabalho de catação é a única fonte de renda familiar, em todo país são cerca de 800 mil, de acordo o Movimento Nacional dos Catadores de Materiais Recicláveis [39].

Os catadores não são "empregados" – pois se estão em associações ou cooperativas, são sócios e não possuem vínculo empregatício. Por outro lado, na visão popular são considerados "desempregados" e necessitam ser incluídos no mercado. É assim que são vistos na construção de políticas públicas por muitos gestores públicos [6].

Soma-se a esse estigma social, o fato de que os catadores de materiais recicláveis foram e, muitas vezes, ainda são "vistos" pela sociedade como "delinquentes" e/ou "mendigos" que "sujam" os centros urbanos. Tal percepção gerou, e ainda gera "políticas higienistas" por parte do poder público de grande parte das cidades brasileiras [34].

Esta situação associada a baixa escolaridade, condições insalubres em que uma grande parcela destes trabalhadores opera, com exposição a riscos físicos, químicos, biológicos, mecânicos e ergonômicos, que se traduzem como perigo, os deixam vulneráveis e susceptíveis a doenças infecciosas e lesões corporais no seu dia a dia de trabalho.

Deve-se considerar, ao mesmo tempo que as pessoas que trabalham com resíduos sólidos, especificamente os catadores de materiais recicláveis, lidam diariamente com condições extremamente desfavoráveis e precárias em termos de garantias legais (trabalhista e/ou assistencial). Ainda assim, são "operários terceirizados" da indústria da reciclagem [6].

Apesar de muitos catadores de materiais recicláveis realizarem a coleta seletiva dos resíduos sólidos no país, sendo esta uma atribuição das municipalidades, indústria e comércio, eles não recebem nada do setor privado e público pelos serviços prestados, tanto referente a Educação Ambiental, como pela coleta seletiva dos resíduos sólidos realizada e restituída ao setor de remanufatura e reciclagem.

A PNRS estabelece a inclusão socioeconômica dos catadores de materiais recicláveis no processo de Logística Reversa de empresas e municípios, através da contratação de cooperativas ou associações, para coletar, transportar, beneficiar, acondicionar ou tratar, os resíduos sólidos recicláveis.

Os municípios, Distrito Federal e territórios têm o papel de formular políticas públicas de inclusão efetiva desses trabalhadores, com a promoção de ações de apoio técnico, financeiro, de infraestrutura física e administrativa operacional. A lei ainda prevê o apoio a constituições de cooperativas e associações, além da formalização de grupos de catadores de materiais recicláveis já existentes no município.

Trabalhando sem as condições de infraestrutura adequada, aonde falta até mesmo espaço para armazenar os materiais coletados, para os catadores de materiais recicláveis autônomos, a única opção que resta é vender isoladamente aos pequenos sucateiros e atravessadores, sem qualquer condição de barganha, recebendo a menor parcela do que é gerado do valor na cadeia de reciclagem, apesar de contribuir com a maior parcela do que é coletado e reciclado no país.

Diferentemente das cooperativas e associações de

catadores de materiais recicláveis que operam individualmente ou em redes, e conseguem barganhar melhores preços, sendo uma iniciativa muito vantajosa para todos os membros das organizações de catadores.

O gerenciamento de resíduos sólidos a partir de um conglomerado de organização de catadores de materiais recicláveis trabalhando em redes de cooperativas ou associações, tem o potencial de promover o aprovisionamento rentável para todos os trabalhadores envolvidos.

As cooperativas e associações de catadores de materiais recicláveis são organizações sem fins lucrativos, constituídas através da solidariedade econômica e autorganização, com um objetivo comum, visam à prestação de um serviço público à sociedade. As que trabalham com resíduos sólidos atuam na execução da coleta seletiva municipal dos materiais recicláveis.

Apesar dos progressos significativos alcançados nas últimas duas décadas no envolvimento de catadores de materiais recicláveis na coleta seletiva no Brasil, os desafios ainda permanecem em termos de consolidar o processo como um modelo sustentável de gestão dos resíduos sólidos. Ainda persiste uma certa desconfiança das municipalidades acerca da competência operacional das organizações dirigidas por catadores de materiais recicláveis.

No intuito de mudar essa percepção, em 2007 foi publicada a Lei nº 11.445, que altera a Política Nacional de Saneamento, permitindo-se que as administrações públicas contratem com dispensa de licitação as organizações de catadores de materiais recicláveis para a prestação de serviços de coleta seletiva.

Em paralelo, o Ministério do Desenvolvimento Social deu início à realização de ações de apoio aos catadores de materiais recicláveis, visando à inclusão social e produtiva desses profissionais.

Outro avanço como política de inclusão dos catadores de materiais recicláveis em âmbito federal, foi a aprovação em 2010 da Política Nacional de Resíduos Sólidos (Lei nº 12.305), que prevê a inserção de trabalhadores em programas de coleta seletiva municipais e de empresas.

A lei também inova ao reconhecer os grupos de catadores de materiais recicláveis como atores fundamentais da cadeia de reciclagem. Com essas leis, o trabalho desenvolvido pelos catadores de materiais recicláveis ganhou reconhecimento do governo federal.

Salienta-se que, apesar da expansão dos programas municipais de apoio às cooperativas e associações de catadores de materiais recicláveis, grande parte delas ainda necessitam da infraestrutura básica para coletar e comercializar diretamente com a indústria recicladora. A comercialização quando realizada para atravessadores, compromete seus ganhos.

A situação ideal para maximizar as receitas dos catadores de materiais recicláveis seria possibilitar que estes e suas organizações comercializem os resíduos sólidos coletados diretamente com as empresas de reciclagem, ou seja, sem a intermediação dos sucateiros e atravessadores.

A indústria brasileira de reciclagem é de difícil acesso para os pequenos comerciantes, dentre estes, as cooperativas de catadores de materiais recicláveis individualmente, entre os motivos está a pequena escala de produção, por isso, na maioria dos casos, para barganhar, elas negociam em conjunto com outras cooperativas, combinando a produção de várias cooperativas para barganhar melhores preços.

4.1 Reciclagem

A reciclagem é uma das alternativas de tratamento para os resíduos sólidos mais vantajosa, tanto do ponto de vista ambiental quanto social. Olhando da ótica ambiental, além de diminuir o volume de resíduos sólidos dispostos nos aterros sanitários, quando há um sistema de coleta seletiva bem estruturado, a reciclagem é uma atividade econômica rentável. No campo social, pode gerar empregos e renda para os envolvidos na cadeia dos materiais recicláveis.

O certo é que não se pode usar como pretexto, o fato de que muitos produtos são recicláveis para ter um estilo de vida consumista, pois reciclar não é o bastante, tecnicamente, nas repetições do processo o material vai perdendo qualidade e poderá virar resíduo novamente.

O ideal é criar projetos harmônicos e mais abrangentes, com materiais biodegradáveis, o desenvolvimento de produtos (re)-aproveitáveis e econômicos, utilizando o mínimo de matéria-prima, e seguros para a natureza e o ser humano.

As iniciativas neste sentido que têm sido implementadas pelas empresas, incluem a criação de embalagens e produtos mais sustentáveis, reorganização de partes da cadeia de suprimentos para reduzir desperdícios, melhores maneiras para eliminação de resíduos não recicláveis; e a incineração para recuperação de energia dos resíduos sem possibilidades de tratamento ou reciclagem.

Em alguns casos, para implantar essas ações é preciso instalar novos equipamentos ou reconfigurar os processos dos fluxos reversos envolvidos nas operações. A reciclagem é um processo industrial, com completa descaracterização do material reciclado, podendo ocorrer alterações nas suas propriedades físicas, físico-químicas e biológicas.

Tecnicamente, apenas o vidro tem um processo de reciclagem completo, por não perder propriedades químicas e resultar no mesmo produto, não necessitando de adicionais de matéria-prima virgem. Em outras palavras, a reciclagem de um quilo de materiais vítreos tem um produto resultado de 100% da quantidade original derivada.

Diferentemente de outros materiais que também são considerados recicláveis, que recebem um complemento de matéria-prima virgem bruta de constituição original no processo de reciclagem, para poder reconstituir as mesmas características do produto original do material reciclado.

O resultado da reciclagem de alguns materiais é apenas um composto secundário de matéria-prima, que considerando as condições técnicas específicas para produzir o material original, requer mais matéria-prima bruta primária virgem, ou de outra forma, tem a possibilidade de ser utilizado na produção de um novo produto com características diferentes do original.

Existe também a reutilização ou reaproveitamento de materiais recicláveis, mas sem envolver processos industriais. Uma situação muito comum, constatada no meio acadêmico e social, é o entendimento de forma generalizada de atividades de reutilização e reaproveitamento de materiais recicláveis como um processo de reciclagem.

No reaproveitamento ou reutilização não acontece a transformação biológica, física ou físico-química, já a reciclagem envolve a transformação do material com descaracterização e mudança de forma do estado físico, visando à transformação em matérias-primas ou novos produtos.

Para Santos (2012) a reciclagem é uma atividade importante para minimização da geração de resíduos sólidos, visto que se configura como uma forma de reaproveitar o que seria considerado como "lixo", que pode ser utilizado como fonte de matéria-prima para um novo produto, como ser reutilizado para outras finalidades".

A adoção de um processo eficiente de reciclagem pode proporcionar benefícios financeiros, ambientais e sociais, contribuindo [...] como potencial gerador de negócios, trabalho e renda para uma parcela da população que encontra dificuldade de inserção no mercado de trabalho [28].

Estudos recentes, conforme Yoshida (2012) mostram que desperdiçamos anualmente R$ 8 bilhões por não fazer manejo adequado de nossos resíduos sólidos. É um montante expressivo que o Brasil não pode, literalmente, jogar no lixo. Há um grande potencial econômico para a reciclagem no país.

Além da reciclagem, a cadeia tem outras atividades viáveis para a recuperação dos materiais recicláveis dos eletroeletrônicos, embalagens em geral, metais, resíduos úmidos, vítreos, PET, alumínio e plásticos; são processos mais simples, muito utilizado no dia a dia das empresas e nos lares, como a reutilização e o reaproveitamento.

4.2 Reutilização

A reutilização constitui-se em um processo de reutilizar embalagens, materiais ou produtos para o mesmo ou outra finalidade. Não acontece mudanças nas propriedades físicas, físico-químicas e biológicas. Nesse processo os custos e procedimentos necessários são quase nulos, já que não acontecer uma desconfiguração industrial do material.

Atividades usadas a muito tempo pela indústria e pessoas no seu dia a dia, envolvem essa prática. No ambiente doméstico são atitudes corriqueiras como reutilizar o recipiente do extrato de tomate para guardar doces; comprar um produto seminovo ou mandar consertar um produto ainda em condições de uso, mas que foi descartado por outrem.

Na indústria, tem alguns casos já considerados como a da indústria de bebidas, com as garrafas de cerveja e refrigerante retornáveis, além das caixas utilizadas para armazenar e transportar esses produtos. A indústria de gás de petróleo liquefeito (GPL) também reutiliza os botijões para reabastecer o gás de hidrocarbonetos.

Em linhas gerais, na reutilização o produto pode passar por pequenos reparos, mas o seu uso fim permanecer o mesmo, por ser utilizado em outra atividade, mas não sofre alterações físicas. Exemplificando, uma garrafa PET pós-consumo pode ser reutilizada para colocar água na geladeira, o fim não mudou, porque especificamente é uma embalagem, serve para armazenar, quando muda a finalidade é denominado de reaproveitamento.

4.3 Reaproveitamento

No processo de reaproveitamento de produtos, materiais ou embalagens, ocorre mudança dos aspectos físicos, além da finalidade. Um típico exemplo é a decoração de uma caixa de sapato para guardar livros, fotos, tesouras ou outros utensílios. Nesse processo aconteceu pequenas alterações, já que a caixa foi recortada e decorada com outros adornos. Não mudou a finalidade geral de embalagem, mas não foi reciclada, apenas reaproveitada para outra utilidade.

O reaproveitamento na indústria é mais comum, dependendo do setor, processos que geram sobras quando não necessita de uma nova reconfiguração ou padronagem específica, são reincorporados nas etapas subsequentes de produção do mesmo produto e/ou de outro secundário. Os subprodutos residuais, quando não reaproveitados na própria indústria, ainda assim, outra pode adquiri-los e reaproveitar com outras finalidades.

Uma das formas idealizadas pelo legislador nacional para promover e incrementar a reciclagem, a recuperação e o tratamento dos resíduos sólidos, de acordo com Silva et al. (2014) é a implementação de ações, procedimentos e meios destinados a viabilizar a coleta e a restituição dos resíduos sólidos ao setor empresarial, para reaproveitamento em seu ciclo ou em outros ciclos produtivos, ou para que os mesmos sejam encaminhados para uma destinação final correta.

A destinação correta de resíduos sólidos urbanos pode incluir alternativas como a reciclagem, reutilização ou reaproveitamento. Usualmente, a atividade mais utilizada para tratar os resíduos sólidos, produtos industriais e embalagens, pela população é o reaproveitamento, por sua facilidade prática.

Para indústria e outros titulares responsáveis pela destinação adequada de embalagens, produtos e resíduos sólidos, existem outros processos alternativos para o tratamento adequado definitivo.

4.4 Tratamentos alternativos

No tocante ao tratamento, os resíduos secos e úmidos podem ser direcionados para diferentes destinações finais. Cabe a indústria responsável e/ou ao comitê gestor público definir a forma de destinação mais interessante para os seus resíduos. No âmbito municipal, é importante observar os aspectos socioambientais, culturais e econômicos, antes de definir o meio de destinação mais adequado.

A destinação mais utilizada pela indústria é a reciclagem, mas tem-se a incineração com recuperação energética (tratamento térmico), que é aceito pela PNRS, a compostagem, produção de biofertilizante, o biogás (gerado em aterros sanitários e biodigestor na suinocultura) e a incineração (sem a recuperação energética) para os resíduos sólidos considerados especiais e/ou de difícil tratamento.

A compostagem é uma alternativa de destinação mais econômica para os municípios, já que não requer instalações sofisticadas, e por não ter processos complexos de execução. Os produtos derivados da compostagem são: húmus (composto orgânico) e o biofertilizante.

O tratamento de resíduos sólidos úmidos triados também pode permitir um aproveitamento energético, por meio da captação do biogás, proveniente da decomposição anaeróbia dos resíduos sólidos, pela ação de microrganismos. A transformação de resíduos sólidos úmidos em biogás pode ser uma forma atraente de geração de combustível no meio rural e pequenos municípios.

A destinação correta de resíduos sólidos deve seguir essas alternativas. Para os resíduos sólidos, produtos e embalagens sem possibilidades de tratamento, e/ou os rejeitos provenientes de projetos de reciclagem, o aterro sanitário ou industrial é a destinação final de tratamento indicada.

4.5 Destinação final dos rejeitos

Os aterros sanitários e aterros industriais são considerados pela PNRS como a forma de disposição final ambientalmente mais adequada, contudo, apenas os rejeitos devem ser dispostos nessas instalações, sendo realizada após esgotada todas as possibilidades de tratamento. Os resíduos úmidos e secos recicláveis podem passar por tratamentos ou ser reciclados.

Os aspectos técnicos e financeiros para construir e manter os aterros sanitários e aterros industriais, no entanto, não pode ser deixado de lado. São obras que demandam investimentos elevados e tem custos de operacionalização robustos.

A estimativa dos custos para a implantação da infraestrutura com fins de viabilizar a universalização dos serviços de tratamento e destinação ambientalmente adequada de resíduos sólidos, como determina as diretrizes da PNRS, seriam necessários R$ 10,30 bilhões de reais em investimentos [3].

Já a infraestrutura pronta demandaria para atendimento das metas previstas para 2023, uma quantia de R$ 11,49 bilhões ao ano para operação do sistema. O valor é considerável, mais está abaixo da média mundial de investimentos em infraestrutura e saneamento [3].

O investimento é muito importante, pois a geração de resíduos sólidos urbanos global e, o consumo de recursos naturais já estão acima da capacidade de suporte do planeta, além disso, é cada vez mais difícil fazer o tratamento e encontrar novos locais para a instalação de novos aterros sanitários próximos as áreas urbanas.

Apesar do progresso nas técnicas de tratamento alcançados nos últimos anos, o volume geral de resíduos sólidos não para de crescer e a quantidade absoluta enviada para aterros sanitários não para de aumentar. Com composição variada de substâncias, os RSU representam um risco eminente para a saúde humana e os ecossistemas do planeta.

PARTE 5

Eventos socioambientais

Os eventos socioambientais realizados no Brasil são bem variados, mas a maioria é pontuais. Eles são caracterizados como sendo Educação Ambiental, contudo, como visto na parte 1, a EA tem uma filosofia mais abrangente, não tem relação apenas com questões ambientais pontuais, conceitos preservacionistas e datas comemorativas, envolve todas as ações desenvolvidas pelo ser humano.

A partir desta perspectiva, empresas, instituições de ensino e demais atores sociais devem repensar suas ações, criar ou mudar estratégias para não promover eventos socioambientais pontuais como sendo um viés concreto da Educação Ambiental.

Por outro lado, as iniciativas devem ser suficientes para conscientizar a sociedade de seus hábitos de produção e consumo, relações culturais e de convívio com a natureza.

Os meios mais utilizados para sensibilizar a população são a realização de palestras nas escolas; oficinas sobre como reutilizar e reaproveitar materiais recicláveis em casa; apresentação de soluções e hábitos sustentáveis em programas de TV; campanhas de coleta de resíduos sólidos nas praias e parques; plantio de mudas de árvores em praças e parques públicos.

As ações de sensibilização mais desenvolvidas como Educação Ambiental no país buscam colocar recipientes para separação dos resíduos sólidos por tipos, e posteriormente fazer a coleta seletiva; a realização da semana do meio ambiente; comemoração do dia da árvore, em escolas e secretarias do meio ambiente dos municípios; criação de projetos de reflorestamento; e a promoção de oficinas de reutilização e reaproveitamento de materiais recicláveis.

5.1 Separação dos resíduos sólidos

A separação dos resíduos sólidos para a coleta seletiva dos recicláveis torna possível a reutilização, reaproveitamento, tratamento ou reciclagem e disposição final. Trata-se de um processo de responsabilidade social, que a população, indústrias e demais organizações da sociedade devem praticar, seja por exigências legais ou responsabilidade social.

De forma geral, percebe-se que o brasileiro já incorporou uma série de bons hábitos ao seu cotidiano, capazes de contribuir para o uso e a exploração adequada de recursos naturais, e conservação do ambiente onde vive. Cada vez mais, o que se percebe é que as pessoas estão incorporando os conceitos da gestão ambiental.

Diante dessa perspectiva, vê-se como positivo o aumento da conscientização da população, a ponto que poderá viabilizar a cadeia da reciclagem no país. O tratamento, reciclagem ou disposição final adequada depende da separação dos resíduos sólidos na fonte geradora, para a coleta seletiva.

Diante desta perspectiva, pode-se dizer que, as campanhas para a não geração, redução, reutilização e/ou separação para a coleta seletiva, passaram a ser encaradas como necessidade, e estão cada vez mais presentes no dia a dia da população.

Não obstante, quando se fala em separação dos resíduos sólidos para coleta seletiva, uma série de equívocos são praticados, a começar pelos recipientes indicados para colocar os resíduos, que são na maioria dos casos, cinco tipos, aonde os resíduos sólidos são colocados. Por outro lado, essa prática não é economicamente viável, isso porque aumenta os custos para coletar, a mão de obra e o tempo de execução.

O ideal é trabalhar com apenas três recipientes para separar e coletar os resíduos, por exemplo, um recipiente para resíduos sólidos secos recicláveis, um para resíduos sólidos úmidos recicláveis e um para colocar os rejeitos (resíduos não recicláveis). Até mesmo a nomenclatura que estabeleceu as cores, já não atende mais todos os tipos de resíduos, como os resíduos de isopor, silicone, materiais têxteis e sintéticos, não tem recipientes indicados para eles.

Esses materiais são produzidos em grande escala, para uma cadeia de produção muito extensa, que gera resíduos que ainda não tem uma opção de descarte. De todo modo, a separação deve ser feita considerando apenas três categorias resíduos sólidos: resíduos secos recicláveis, resíduos úmidos recicláveis e rejeitos não recicláveis. Esse modelo de separação traz mais viabilidade técnica e econômica para a coleta seletiva.

Como a quantidade de resíduos sólidos gerada pelas pessoas aumenta a cada dia, é necessário que mais do que informações e conceitos, as ações públicas relacionadas à separação de resíduos proporcione consciência e interesse pela causa, para que as pessoas tornem-se conscientes do seu papel de cidadãos. Apesar de ser complexo o assunto, é fundamental a conscientização dos cidadãos para que estes preservem o meio ambiente.

5.2 Semana do meio ambiente

A semana nacional do meio ambiente é comemorada em 1 de junho ao dia 5, quando se celebra o dia mundial do meio ambiente. A data foi recomendada pela Conferência das Nações Unidas sobre Meio Ambiente (CNUMA), realizada em 1972 em Estocolmo na Suécia. No Brasil, a data foi adotada em 27 de maio de 1981, através do Decreto nº 86.028/81, que instituiu a semana do meio ambiente no país para conscientizar a população.

O objetivo do governo brasileiro foi complementar a celebração do dia mundial do meio ambiente, instituído pelas Organizações das Nações Unidas (ONU), além de incluir a sociedade na discussão de pautas que tratem da preservação e conservação do patrimônio natural do país, e até como uma medida referencial para prevenir a degradação do meio ambiente.

Trata-se de uma iniciativa que visa despertar na população do país, uma percepção consciente sobre o meio ambiente e, de seus impactos negativos sobre os ecossistemas. Tem-se neste caso, uma proposta especialmente para que os cidadãos se tornem agentes sustentáveis e tenham atitudes ambientais responsáveis em suas comunidades.

A este respeito, muitos eventos socioambientais são desenvolvidos, com vistas a conscientização dos cidadãos, sensibilizando-os e informando sobre a importância do uso racional dos recursos naturais, tão como a sua importância para o bem-estar social e a qualidade de vida.

Os eventos socioambientais mais desenvolvidos no país abordam o consumo consciente e a redução do desperdício, por meio de campanhas e palestras educativas, distribuição de folhetos, coleta de resíduos sólidos em praias e parques, distribuição de mudas e plantio de árvores.

5.3 Dia da árvore

O dia da árvore é comemorado no Brasil em 21 de setembro, e tem como objetivo principal a conscientização dos cidadãos a respeito desse importante recurso natural. A data escolhida coincide com o início da primavera, que começa no dia 23 de setembro no hemisfério Sul, sendo a data comemorada em um mês diferente em outras partes do mundo.

O dia da árvore é celebrado em muitos lugares do mundo desde o final do século XIX. O evento foi criado para conscientizar a população da importância das árvores no equilíbrio dos ecossistemas, defender as florestas, preservar a biodiversidade, animais e fungos; e evitar a extinção das espécies arbóreas.

Essa data é comemorada mundialmente, mas muitas nações adequaram o dia a partir das características físico/climáticas de seus países. Nos Estados Unidos, por exemplo, o dia da árvore é celebrado no mês de abril, período que coincide com a chegada da primavera no hemisfério Norte. Na Polônia, é comemorado no dia 10 de outubro. Na Alemanha, o dia da árvore é comemorado dia 25 de abril.

Em diversos municípios do Brasil, o dia da árvore é comemorado particularmente nas escolas e secretarias do meio ambiente, com ações pedagógicas educativas. Dentre elas estão a realização de palestras e gincanas sobre a temática, concursos de desenhos, passeios ecológicos, distribuição e plantios de árvores, visando estimular o plantio em jardins, quintais, parques e áreas desflorestadas.

A árvore é um dos bens da natureza mais importante na geração de riquezas, devido sua relevância para a construção de moradias, produção de móveis, barcos, caixas para o transporte e acondicionamento de mercadorias, produção de energia, produção de papel e embalagens de papelão, arborização das cidades e alimentação de animais e o ser humano.

Entre as diversas espécies arbóreas de árvores existentes nos biomas, tem-se várias frutíferas e agrossilvopastoris com exploração para as mais variadas aplicações econômicas, como é o caso da seringueira, eucalipto, pinheiro, mangueira, limoeiro, goiabeira, abacateiro, pessegueiro e laranjeira.

As árvores são fonte primária de matéria-prima e secundária para as mais diversas áreas da economia de todo planeta. Todas as espécies existentes são fundamentais para a vida na terra, sobretudo as frutíferas e as arbóreas, que contribuem para o aumento da umidade do ar, através da evapotranspiração; evitam erosões, produzem oxigênio no processo de fotossíntese, reduzem a temperatura em áreas urbanas, atuam regulando a umidade da atmosfera, temperatura e as chuvas e, fornecem sombra e abrigo para algumas espécies animais.

Uma única árvore pode abrigar um ecossistema complexo com pequenos seres que habitam na água acumulada nas folhas ou tronco; os pássaros que fazem seus ninhos nos galhos para procriarem, formigas, uma comeia de abelhas, pequenos répteis, moscas, gato-maracajá, morcegos, vespas, saguis, anfíbios aracnídeos, musgos, entre outros.

A árvore é símbolo da data mais importante de celebração mundial, o natal. Para muitas culturas, a árvore é um símbolo da vida e do conhecimento; significa a grande mãe, representando o engano e a tentação, a ascensão vertical, sempre subindo em direção ao céu, uma perpétua evolução.

Por outro lado, isto tudo não implica em preservação, dada a ampla gama de aplicação econômica da árvore, florestas inteiras já foram desmatadas em todas as regiões do planeta.

5.4 O reflorestamento

O termo reflorestamento é referente à implantação da flora em um local onde havia uma anteriormente, e não existe mais em razão da degradação, que pode ter ocorrido por fatores naturais ou através da ação do ser humano – a exemplo do desmatamento. Deve-se ressaltar que o reflorestamento está relacionado à ideia de replantar, pressupondo que existia uma vegetação anterior, e não simplesmente à ideia de plantar em um local que não havia nada antes [17].

O reflorestamento consiste na reposição de parte da vegetação original de locais que foram anteriormente desmatados. A atividade de reflorestamento pode trazer uma série de benefícios positivos para o ecossistema a ser recuperado, quais sejam: diminuição da pressão sobre as florestas nativas; proteção da superfície do solo, diminuindo os riscos de erosão; proteção das bacias hidrográficas em que a atividade se localiza, pela recuperação da mata ciliar; aumento da biodiversidade; maior retenção de dióxido de carbono e produção de oxigênio.

O plantio das mudas para reflorestar áreas desmatadas deve ser feito respeitando às espécies nativas da região, uma vez que o ecossistema local precisa ser preservado, para que aconteça a regeneração. O replantio com espécies não locais não é indicado, pois além de descaracteriza a flora original, dificulta o clímax, e desestrutura o ecossistema, colocando em risco a fauna e flora de sucessão.

Como foi dito, não é admissível o uso de espécies exóticas nos projetos de reflorestamento. Às vezes isso não é respeitado, mas a primeira providência é instituir um inventário das espécies da região, antes de iniciar de fato a recuperação. A maioria dos ecossistemas poluídos ou danificados pelo ser humano podem ser recuperados.

As florestas são os ecossistemas mais impactados pelas ações antrópicas do ser humano. Em contraponto, as altas taxas de desmatamento e irregularidades das condições climáticas, pressionam o aumento das áreas naturais impactadas. Ao mesmo tempo, a extração sem controle da madeira é uma das causas de devastação e desequilíbrio provocado pela ação do ser humano sobre o meio ambiente.

O Brasil dispõe de uma das maiores coberturas florestal do mundo, em números absolutos, sendo o segundo país, atrás apenas da Rússia. A maior parcela das reservas florestais inexploradas do planeta está nos países emergentes.

No Brasil, infelizmente, a área coberta com vegetação tem-se reduzido drasticamente nos últimos anos, devido à expansão das fronteiras agrícolas, pastagens para criação bovina, exploração ilegal de madeira, e a ocupação humana desordenada.

Por outro lado, o Brasil situa-se entre os 10 países que mais têm áreas replantadas de florestas no mundo. É certo informar que grande parte das iniciativas ocorrem por conta da legislação nacional que responsabiliza as empresas, silvicultores, produtores agrícolas e agropecuaristas, com medidas práticas e até mesmo punitivas, a recuperarem as áreas de florestas degradadas.

No país, diversos setores têm investido em ações de reflorestamento, mas grande parte é realizado visando à exploração econômica da árvore, para uso na construção civil, fabricação de móveis, extração da madeira, de folhas com propriedades medicinais, raízes para produção de carvão, troncos para lenha, extração do látex para produção da borracha e celulose para fabricação de papéis.

Algumas empresas realizam o reflorestamento por conta própria, sem ser obrigadas por lei, sendo muitas delas estrangeiras. O Programa Nacional de Florestas (PNF) foi criado pelo governo federal para estimular o reflorestamento no país, no ano 2000 através do Decreto nº 3.420.

Outros objetivos do Decreto nº 3.420/2000 são: estimular o uso sustentável de florestas nativas e plantadas; fomentar as atividades de reflorestamento; reprimir desmatamentos ilegais e a extração predatória de produtos e subprodutos florestais; conter queimadas acidentais e prevenir incêndios; e estimular a proteção da biodiversidade e dos ecossistemas florestais.

O Brasil possui atualmente cerca de 6 milhões de hectares de área reflorestada com eucaliptos, destinados à produção de carvão vegetal para a indústria siderúrgica e de ferroligas, para produção de celulose, papel, painéis de madeira e outros subprodutos, como tecido sintético, cápsulas de remédios, produtos de limpeza, alimentos, perfumes e medicamentos [8].

Uma ameaça emergente das florestas, reservas florestais, áreas de preservação permanente e parques, são os resíduos sólidos descartados inadequadamente nessas áreas. Os resíduos sólidos quando descartados irregularmente, afetam diretamente a vida de toda a população, provoca erosões, assoreamento de rios, representa risco para os animais, ocasiona poluição do ar, solo e água, desertificação e perda de biodiversidade.

Por outro lado, os resíduos sólidos quando são descartados de forma correta, torna-se possível fazer o reaproveitamento, reutilização, tratamento, reciclagem ou disposição final adequada. Os resíduos sólidos recicláveis impulsionam muitos negócios sociais.

As ações socioeconômicas sustentáveis vêm ocupando cada vez mais o cerne da agenda da administração pública e dos negócios sociais. O intento dos negócios sociais baseados nos resíduos sólidos recicláveis é buscar meios para reaproveitar os materiais recicláveis, agregar valor e preservar o meio ambiente.

5.5 Meios de reaproveitar materiais recicláveis

Os negócios sociais que trabalha com resíduos sólidos recicláveis, além de estimular a criação coletiva de iniciativas socioambientais, impulsionam outros negócios para que também gerem impacto social.

Os empreendedores sociais reaproveitam os materiais recicláveis para produção de brinquedos; artesanatos de tecido, papel, vidro, madeira e plástico; móveis de madeira, metais, pneus e garrafas PET; e móveis usados para decorar jardins e/ou produzir outros móveis.

Além de impulsiona outros negócios para que também gerem impacto social, criam-se condições de gerar benefícios inovadores, lucrativos e sustentáveis, tão como mudanças nas empresas, e impactos positivos na sociedade. A PNRS delibera quanto prioridade, a não geração, redução e reutilização, sendo esta última alinhada ao desenvolvimento econômico e social.

A PNRS define a reutilização de resíduos sólidos recicláveis como "processo de aproveitamento dos resíduos sólidos sem sua transformação biológica, física ou físico-química. Quando tal atividade é realizada, deve ser observada as condições e os padrões estabelecidos pelos órgãos competentes do Sistema Nacional do Meio Ambiente (SISNAMA)."

Os resíduos sólidos são matéria-prima para alguns negócios sociais que trabalha com reaproveitamento e reutilização. Sem dúvida, dadas as tendências atuais, esses negócios podem gerar mudanças de atitudes e minimizar os impactos ambientais, sociais e econômicos dos RSU. Além disso, possibilita o desenvolvimento de tecnologia inovadora e de baixo custo para uso doméstico no reaproveitamento de resíduos sólidos.

Os negócios sociais que atuam com resíduos sólidos, reaproveitando-os na produção de acessórios artesanais e outros produtos, contribui para uma sociedade melhor e mais responsável. Pela sua relevância, é preciso incentivar e apoiar esses negócios, estimular a destinação adequada dos resíduos sólidos e promover a consciência na população da preservação do meio ambiente.

A preocupação com as questões ambientais vem ganhando cada vez mais força nos debates acadêmicos, sociais e na agenda das políticas públicas. O uso de práticas sustentáveis pela população e empresas, aumenta dia após dia. Dessa forma, o gestor público precisa também colocar em prática medidas sustentáveis de gestão ambiental.

PARTE 6

Gestão ambiental

Os termos gestão e gerenciamento são comumente entendidos com sendo sinônimos, mas têm significados diferentes. Como gestão entende-se o estabelecimento de políticas, normas, leis e procedimentos relacionados. O gerenciamento é o processo de implantação das políticas e das estratégias para o desenvolvimento e execução das ações definidas pelas políticas de gestão [31].

A gestão é conceituada por Dias Neto (2009) como os processos de definição da estrutura física e administrativa para realizar o gerenciamento; de instrumentos políticos, regulatórios e econômicos; de metas, princípios norteadores, critérios e indicadores; de intervenções; de técnicas e tecnologias, ações, programas, metas, prazos, alocação de recursos, etc.

O termo gestão é aplicado a diversas áreas do conhecimento científico, dentre elas, podemos citar a gestão pública administrativa, gestão financeira, gestão contábil, gestão cultural, gestão de marketing, gestão agrícola, gestão de pessoas, gestão logística, gestão de materiais, gestão estratégica, gestão esportiva, gestão escolar, gestão hospitalar e gestão ambiental.

A gestão ambiental é de suma importância para a administração pública, sendo um instrumento que pauta-se na melhoria da qualidade de vida, conscientização da população e preservação do meio ambiente.

A gestão ambiental é entendida como um processo participativo, integrado e contínuo, que visa promover a compatibilização das atividades humanas com a qualidade e a preservação do patrimônio ambiental. Para que isto ocorra, a política ambiental deve se aprimorar, criando instrumentos e ferramentas para a adequada prática da gestão ambiental. Sua aplicação pode ocorrer no dia a dia das pessoas, nas corporações, nas organizações governamentais e não governamentais [36].

A gestão ambiental busca conciliar o desenvolvimento econômico com a preservação do meio ambiente através da adequação das necessidades da sociedade (civil e/ou governamental) à capacidade de suporte do meio ambiente. Nesse processo, as atividades de produção agrícolas e industriais são gerenciadas visando o viés de uso consciente dos recursos naturais.

Mas, para tanto, é mister organizar as atividades humanas, de modo que causem o menor impacto negativo possível ao ambiente natural. No contexto governamental, a gestão ambiental pública é definida como a atuação do poder público frente aos problemas ambientais, a qual está pautada em uma política pública ambiental.

Barbieri (2007) define política pública ambiental como "o conjunto de objetivos, diretrizes e instrumentos de ação que o poder público dispõe para produzir os efeitos desejáveis sobre o meio ambiente", quais sejam esses efeitos: reduzir ou eliminar os danos e problemas ambientais existentes e evitar o surgimento de novos.

Para Nascimento (2012), a gestão ambiental pública exerce um papel preponderante na redução dos danos ambientais decorrentes do desperdício e do crescimento desordenado, uma vez que o poder público possui a prerrogativa de punir, corrigir e incentivar medidas ambientalmente justas por meio de políticas públicas.

Tais políticas públicas de gestão podem, por exemplo, estimular o melhor aproveitamento das matérias-primas e resíduos sólidos descartados, incentivar a reciclagem e a redução de desperdícios, subsidiar projetos ecologicamente corretos, ações de conscientização da população e criar alternativas para criação de políticas de gestão eficaz dos recursos naturais e resíduos sólidos.

6.1 Gestão de resíduos sólidos

O cenário nacional para a gestão dos resíduos sólidos é caracterizado como um grande desafio para as autoridades públicas. A geração de resíduos sólidos só aumenta, desencadeada por um padrão de produção e consumo em massa, que mais o manuseio inadequado tem causado efeitos nocivos ao meio ambiente, de modo irreversível em certos casos, além de representar um considerável risco do ponto de vista sanitário, ambiental, desperdício de matéria-prima e energia.

A ausência de locais adequados para a disposição final, além de técnicas de tratamento cada vez mais caras, têm motivado várias cidades a realizar uma política de gestão integrada que leva todas as seguintes entre outras medidas, em consideração, a redução na fonte, reutilização, reciclagem, compostagem e disposição final em aterros sanitários [24].

Não obstante, é necessário que os municípios interrompam o ciclo histórico de baixo investimento nacional em infraestruturas, no que tange o saneamento, e realizem esforços no sentido de promover a universalização da coleta e o tratamento adequado dos resíduos sólidos em todo o país.

No Brasil, a coleta seletiva ainda está focada nos resíduos sólidos secos (plásticos, papel, papelão, metal, vidro e outros), enquanto os resíduos sólidos úmidos (restos de alimentos, resíduos de podas, praças e jardins) representam a maior quantidade dos resíduos sólidos coletada.

As políticas de gestão ambiental devem focar no tratamento, ou seja, direcionar os resíduos sólidos secos e úmidos para diferentes destinações, antes da disposição final.

Com base nessa perspectiva, é importante nessa situação, antes de criar políticas de gestão, observar os aspectos socioambientais do município primeiro, e só após uma análise detalhada dos índices, definir o meio de destinação mais adequado para tratamento e destinação final dos resíduos sólidos.

Mesmo com muitas alternativas disponíveis de instrumentos à disposição do poder público para tornar efetiva a gestão dos resíduos sólidos, muitos municípios ainda não têm a infraestrutura apropriada para a execução dos serviços de coleta, tratamento e disposição final adequada, e/ou um Plano de Gestão Integrada dos Resíduos Sólidos, como determina a PNRS.

A PNRS além de regulamentar a gestão de resíduos sólidos no país, dá apoio normativo aos estados e municípios para desenvolver seus planos de gestão de resíduos sólidos, eliminar os lixões e aterros controlados.

Em seus planos os municípios devem estabelecer mecanismos para a criação de fontes de negócios sociais, programas e ações de Educação Ambiental que promovam a não geração, redução, reutilização, reaproveitamento, tratamento, a reciclagem e/ou a disposição final apropriada.

Para as pequenas e médias cidades com baixa produção de resíduos sólidos, Marconsin e Rosa (2013) consideram que soluções econômica e ambientalmente viáveis para processar este material, muitas vezes podem ser alcançadas através da criação de consórcios regionais, que estabeleçam a quantidade mínima de resíduos a tratar.

A elaboração e construção das instalações de processamento ou destinação final dos resíduos sólidos são cruciais, para oferecer uma solução adequada de tratamento. Não basta fazer apenas a coleta e disposição, tecnicamente é necessário tratar os passiveis de reciclagem e, em contrapartida, a implantação de políticas públicas de gestão.

Gestão é um termo amplo que, conforme Morais e Campos (2009) alcança uma série de estágios, passos e atividades internas e externas que o setor público ou privado deve realizar. Comumente é entendido como administração.

A gestão de resíduos sólidos refere-se ao estabelecimento de políticas, normas, leis e procedimentos relacionados a estes. A despeito, é de competência dos municípios a implementação das políticas de gestão.

Cada município deve elaborar um Plano de Gestão Integrada de Resíduos Sólidos, conceber, implementar e administrar sistemas de manejo de resíduos sólidos, criar indicadores de desempenho operacional e ambiental, de serviços de limpeza urbana e manejo. Além disso, o gestor municipal deve planejar ações que possam promover a gestão adequada dos resíduos sólidos.

A gestão ambiental é, antes de tudo, uma questão de planejamento das organizações por envolver a oportunidade de redução de custos, já que uma empresa poluente é, antes de mais nada, uma entidade que desperdiça matéria-prima, energia, e gasta mais para produzir menos.

O termo gestão ambiental é bastante abrangente, e frequentemente usado para designar ações ambientais em determinados espaços geográficos, como gestão ambiental de bacias hidrográficas, gestão ambiental de parques e reservas florestais, gestão de áreas de proteção ambiental, gestão ambiental de reservas de biosfera e outras modalidades de gestão que incluam aspectos ambientais [21].

Para Crispim (2007) trata-se de um conjunto de políticas, programas e práticas administrativas e operacionais, que levam em conta a saúde e a segurança das pessoas e a proteção do meio ambiente, através da eliminação ou minimização de impactos e danos ambientais negativos decorrentes, implantação, operação, ampliação, realocação ou desativação de empreendimentos, incluindo-se todas as fases do ciclo de vida de um produto.

Logo, o objetivo maior da gestão ambiental deve ser a busca permanente de melhoria da qualidade ambiental dos serviços, produtos e ambiente de trabalho de qualquer organização pública ou privada. Sendo essa busca um processo de aprimoramento constante do sistema de gestão ambiental estabelecido pela organização.

Porém, à medida que a sociedade vai se conscientizando da necessidade de se preservar o meio ambiente, a opinião pública começa a pressionar as autoridades locais, a buscar alternativas de desenvolver suas atividades econômicas administrativas de maneira mais racional e estimular o setor privado a produzir de forma ambientalmente sustentável.

6.2 Reflexões sobre temas ambientais

Os temas ambientais emergentes neste século são apontados pelos cientistas como sendo consequências das mudanças climáticas. Os mais citados no Programa de Meio Ambiente das Nações Unidas (PNUMA) como impactos ambientais globais negativos são: a degradação das águas e terras, esgotamento do ozônio estratosférico, chuva ácida, desmatamento tropical, perda de biodiversidade, retração dos glaciares, escassez de minerais estratégicos, o lixo eletrônico e a segurança alimentar.

Segundo os cientistas os impactos ambientais em âmbito global, positivos são: o alinhamento da governança aos desafios da sustentabilidade global. Um tema eminentemente político, que resulta do visível descompasso entre a natureza desses desafios, e o sistema de governança local e global da sustentabilidade hoje existente. A transformação dos recursos humanos para o século XXI; a conexão entre ciência e políticas; o reconhecimento que a adaptação à mudança climática é inevitável.

Aceleração da implantação de sistemas de energia renovável amigáveis com o meio ambiente; conservação da biodiversidade e integração às agendas ambiental e econômica; o enfrentando das pressões crescentes nos ecossistemas costeiros; governança adaptativa a mudança da atitude coletiva em relação ao cigarro, que passou de um modismo à rejeição pela maioria, por seus danos à saúde.

Os impactos positivos citados pelos ambientalistas mundiais são reconhecidos pela comunidade científica como muito importantes para o bem-estar humano, por isso, devem constar na agenda ambiental contemporânea de todas as nações.

Os problemas ambientais devem receber um olhar holístico, do local para o global, já que os efeitos de muitos são de dimensões intercontinental, como a chuva ácida, segurança alimentar e a poluição do ar, rios e oceanos.

Não é mais cabível o desenvolvimento de estratégias limitadas e, pensadas apenas para o nível local. Os impactos ambientais das mudanças climáticas têm abrangência global, e isso exige que as ações de mitigação e prevenção dos problemas ambientais sejam planejadas e implantadas de forma integrada. Outro fator indispensável é a consideração do alcance dos efeitos das ações desenvolvidas.

A sociedade precisa de uma reflexão sobre suas ações de produção e consumo, não é mais admissível manter o padrão de consumo atual, pois a escassez de recursos naturais não renováveis é real. Há também, a geração de resíduos sólidos, com o descarte acelerado de produtos, embalagens e resíduos de difícil tratamento e reciclagem. Nesse contexto, a conscientização dos cidadãos para preservar o meio ambiente e consumir sustentavelmente é urgente.

Com relação aos impactos ambientais negativos, na maioria dos casos, faltam discussões que incorporem reflexões epistemológicas e teórico-políticas que deem sentido a esses problemas ambientais. Isso, além de tratar a questão ambiental como um problema de responsabilidade local.

Os sistemas sociais e sistemas naturais não são tratados de forma integrada pela comunidade científica, agentes políticos e setores produtivos.

A Educação Ambiental é vislumbrada como um conjunto de práticas conceituais relacionadas ao comportamento doméstico do indivíduo, socialização urbana de lazer, atividades escolares e a preservação do meio ambiente. A pedagogia ambiental praticada nas instituições de ensino não tem bases epistemológicas para despertar um pensamento reflexivo, aberto e vinculado à prática social.

É preciso fomentar a investigação social, o intercâmbio de opiniões, a educação e a divulgação de conhecimentos que instiguem à prática social, para aproximar os saberes específicos, em um contexto que supere a dicotomia objeto e sujeito, tão como a natureza e ser humano, já que são construídos socialmente.

CONCLUSÕES FINAIS

A Educação Ambiental é um comportamento que deve estar presente em tudo que o ser humano faz no seu dia a dia. Não deve ser um hábito esporádico ou ações pontuais. É um conceito de vida, que cada indivíduo precisa ter, apreender e praticar, não só no ambiente escolar, mas em todas as fases sociais de sua vida e em todos os espaços de vivência.

Em parte, quando se trata dos resíduos sólidos, a prática de Educação Ambiental torna-se uma ferramenta de fundamental importância na sensibilização da população para destinação adequada, já que a prática da disposição final inadequada de RSU ainda ocorre em todas as regiões e estados brasileiros.

De modo frequente, esse descarte nem sempre acontece de forma correta, acarretando em impactos ambientais negativos, como a poluição do ar, rios, entupimento de bueiros, erosões, assoreamento de rios e contaminações de igarapés e mangues, poluição dos oceanos, além de transformar-se em risco para animais terrestres e aquáticos, e descaracterizar a paisagem natural e urbana.

Quando o descarte é realizado corretamente, os resíduos sólidos poderão ter uma destinação ou disposição final adequada. A este respeito, a implantação de ações pelo poder público, os setores produtivos e comerciais, relacionadas à separação e coleta de resíduos sólidos devem focar na conscientização, sensibilização e mobilização da população.

O consumismo em massa aumenta a geração de resíduos sólidos, pois os produtos são descartados rapidamente, aumentando o quantitativo de resíduos sólidos. A realização da separação para coleta seletiva visando reutilizar, reaproveitar, tratar, reciclar e/ou fazer a disposição final adequada em aterro sanitário é o grande desafio dos gestores públicos na atualidade, tão como consolidar a Educação Ambiental. O papel da Educação Ambiental é promover uma nova relação da sociedade humana com o seu ambiente.

Gerenciar corretamente os resíduos sólidos é um desafio emergente, mas, precisa ser feita na maioria dos municípios brasileiros, mesmo que estes não tenham condições técnicas, financeiras e recursos humanos. O caminho é a promoção de ações de mobilização social, com ajuda da Educação Ambiental, tendo como objetivo despertar na população o hábito da separação e descarte correto dos resíduos sólidos.

A Educação Ambiental é um instrumento que permite os seres humanos fazer uma reflexão dos problemas ambientais e sociais do planeta, e a vida em sociedade, conduzindo-os à construção de novos valores sociais, na aquisição de conhecimentos, atitudes, competências e habilidades para a conquista, e a manutenção do direito ao meio ambiente ecologicamente equilibrado.

Cada indivíduo do planeta é corresponsável pelo

seu passivo ambiental, embora suas ações sejam contabilizadas pelas autoridades públicas dentro de um contexto macro.

Como os efeitos dos problemas ambientais não são mais restritos ao âmbito local, como exemplo, a poluição dos oceanos por resíduos sólidos, os programas desenvolvidos para mitigar os impactos negativos advindos, precisam ser coordenados entre todos envolvidos, a ponto de viabilizá-los.

Como os problemas ambientais só crescem a cada dia, e são um passivo ambiental inevitável, adotar ações adequadas e necessárias para gerenciá-los é um desafio cada vez mais presente na agenda política de todos os gestores públicos do planeta. A solução única e adequada para todos não existe, apesar dos avanços tecnológicos da ciência nos últimos anos.

É evidente a necessidade do caráter gerencial do poder público, mas consideramos que, de modo geral, boa parte das soluções só funcionam quando há o envolvimento proativo da população. É urgente que as pessoas enxerguem o mundo a partir da perspectiva da Educação Ambiental.

Partindo desse pressuposto, entendemos que é indispensável a promoção da Educação Ambiental no contexto social vivenciado pelos cidadãos do país, em todas as esferas educacionais e classes sociais. A Educação Ambiental deve ser praticada como um esforço no sentido da sustentabilidade do planeta.

Não se pretende com este livro esgotar o tema. Ao invés disto, busca-se dar um direcionamento teórico sucinto e multidisciplinar quanto o assunto. Os livros disponíveis, em geral, restringem-se a discutir estudos de casos e análises críticas de projetos pedagógicos desenvolvidos em turmas escolares.

No presente livro empenhou-se em apresentar um enfoque original sobre a Educação Ambiental, além de assuntos transversais. Com isso, buscou-se preservar a objetividade sem comprometer a qualidade do texto. O livro possibilita uma melhor reflexão sobre um tema ainda em consolidação na teoria nacional, mas que merece uma discussão teórica com abordagens práticas.

REFERÊNCIAS BIBLIOGRÁFICAS

[1] ABNT, Associação Brasileira de Normas Técnicas. NBR 10.004. Resíduos sólidos – Classificação. Rio de Janeiro: ABNT, 2004.

[2] ABRELPE, Associação Brasileira de Empresas de Limpeza Pública e Resíduos Especiais. **Panorama dos resíduos sólidos no Brasil**. São Paulo/SP: Abrelpe, 2016.

[3] ______. **Estimativas dos custos para viabilizar a universalização da destinação adequada de resíduos sólidos no Brasil**. São Paulo: Abrelpe, 2015b.

[4] ALDO, R. G.; GUILLERMINA, F. La educación ambiental: un instrumento para el turismo sustentable. **Revista Hospitalidade**. Vol. 10, n. 2, p. 296 - 312, 2013.

[5] AZEVÊDO, Á. S. C. A educação ambiental no turismo como ferramenta para a conservação ambiental. **AOS - Amazônia, Organizações e Sustentabilidade**. Vol. 3, n.1, p. 77-86, 2014.

[6] BAPTISTA, V. F. As políticas públicas de coleta seletiva no município do Rio de Janeiro: onde e como estão as cooperativas de catadores de materiais recicláveis?. **Revista de Administração Pública (RAP)**. Vol. 49, n.1, p. 141-164, 2015.

[7] BARBIERI, J. C. **Gestão ambiental empresarial: conceitos, modelos e instrumentos**. 2. ed. atual e ampliada. São Paulo: Saraiva, 2007.

[8] BARBOSA, A. **Reflorestamento com eucalipto no Brasil**. 2018. Disponível em:<https://brasilescola.uol.com.br/brasil/o-

reflorestamento-com-eucalipto-no-brasil.htm>. Acesso em: 12 out. 2018.

[9] BARBOSA, M. S.; KRAVETZ, M. C. **Gestão ambiental na administração pública**. Caderno Meio Ambiente e Sustentabilidade. Vol. 3, n. 2, 2013.

[10] BESEN, G. R.; RIBEIRO, H.; GUNTHER, W. M. R.; JACOBI, P. R. Selective waste collection in the São Paulo metropolitan region: impacts of the national solid waste policy. **Ambiente & Sociedade**. Vol. 17, n. 3, p. 253-272, 2014.

[11] ______. **Lei nº 9.795, de 27 de abril de 1999**: Institui a Política Nacional de Educação Ambiental - PNEA. Disponível em: <http://www.planalto.gov.br>. Acesso em: 27 jun. de 2015.

[12] ______. **Resolução Conama nº 275/2001**: Estabelece código de cores para diferentes tipos de resíduos na coleta seletiva. Publicação Diário Oficial de União, nº 117, de 19/06/2001, Brasília. p.80.

[13] ______. **Lei nº 11.445, de 5 de janeiro de 2007**: Estabelece diretrizes nacionais para o saneamento básico. Disponível em: <http://www.planalto.gov.br>. Acesso em: 06 jul. 2017.

[14] ______. **Lei nº 12.305, de 2 de agosto de 2010**: Institui a Política Nacional de Resíduos Sólidos. Disponível em: <http://www.planalto.gov.br>. Acesso em: 06 jul. 2017.

[15] BRINGHENTI, J. R.; GUNTHER, W. M. R. Participação social em programas de coleta seletiva de resíduos sólidos urbanos. **Engenharia Sanitária Ambiental**. Vol. 16, n. 4, p. 421-430, 2011.

[16] CAMPOS, R. F.; VASCONCELOS, F. C. W.; FÉLIX, L. A. G. A Importância da Caracterização dos Visitantes nas Ações de Ecoturismo e Educação Ambiental do Parque Nacional da Serra do Cipó/MG. **Revista Turismo em Análise.** Vol. 22, n. 2, p. 397-427, 2011.

[17] CULTURA MIX. **O reflorestamento no Brasil.** Disponível em:<http://meioambiente.culturamix.com/projetos/o-reflorestamento-no-brasil>. Acesso em: 12 out. 2018.

[18] CRISPIM, M. **Gestão Ambiental.** Disponível em: http://diariodonordeste.globo.com>. Acesso em: 20 de mar. 2009.

[19] DENICOL, M. S. G. M.; CONTO, S. M. A Educação Ambiental como Objeto de Estudos nos Programas Stricto Sensu em Turismo no Brasil (período 1997-2011). **Revista Brasileira de Pesquisa em Turismo.** Vol.8, n. 3, p. 494-513, 2014.

[20] DIAS NETO, Antônio Alves. **Gestão de resíduos sólidos – uma discussão sobre o papel das políticas públicas e arranjos institucionais do estado.** 2009. Dissertação (Mestrado) – Universidade Federal da Bahia, Salvador/BA.

[21] GALVÃO, J. M; MARTINS, F. A. C; NETO, A. A; RUIZ, R. **Gestão ambiental:** aplicação dos biodigestores. XIII SIMPEP – Bauru, SP, Brasil, nov. 2006. Disponível em:< http://www.simpep.feb.unesp.br/anais/anais_13/artigos/451.pdf >. Acesso em: 15 abr. 2009.

[22] GIESTA, L. C. Desenvolvimento sustentável, responsabilidade social corporativa e educação ambiental em contexto de inovação organizacional: conceitos revisitados.

Revista de Administração da UFSM. Vol. 5, ed. especial, p. 767-784, 2012.

[23] GONÇALVES-DIAS, S. Consumo e resíduos: duas faces da mesma moeda. **GVexecutivo**. Vol. 14, n. 1, p. 38-41, 2015.

[24] JACOBI, P. R.; BESEN, G. R. Gestão de resíduos sólidos em São Paulo: desafios da sustentabilidade. **Estudos avançados**. Vol. 25, n.71, p. 135-158, 2011.

[25] LEITE, P. R. **Logística Reversa**: meio ambiente e competitividade. São Paulo: Pearson Prentice Hall, 2009.

[26] MARCONSIN, A. F.; ROSA, D. S. A comparison of two models for dealing with urban solid waste: Management by contract and management by public-private partnership. **Resources, Conservation and Recycling**. Vol. 74, p.115-123, 2013.

[27] MARCHI, C. M. D. F. Cenário mundial dos resíduos sólidos e o comportamento corporativo brasileiro frente à logística reversa. **Perspectivas em Gestão & Conhecimento**. Vol. 1, n. 2, p. 118-135, 2011.

[28] MIGLIANO, J. E. B., DEMAJOROVIC, J., XAVIER, L. H. Shared responsibility and reverse logistics systems for e-waste in Brazil. **Journal of Operations and Supply Chain Management**. Vol. 7, n. 2, p. 91-109, 2014.

[29] MORAIS, R. T. R; CAMPOS, H. A. Gestão ambiental municipal: a experiência de um município da região das Hortênsias no Rio Grande do Sul. **In:** VI Congresso Virtual Brasileiro de Administração. 2009. Anais online. Disponível em:<http://www.convibra.org/2009/>. Acesso em: 12 jun. 2016.

[30] NASCIMENTO, J. C. F. 2007. **Comportamento mecânico de resíduos sólidos urbanos**. Dissertação (Mestrado) - Universidade de São Paulo. São Carlos-SP.

[31] NURENE, Núcleo Regional Nordeste. Secretaria Nacional de Saneamento Ambiental (org). **Resíduos Sólidos**: plano de gestão integrada de resíduos sólidos - guia do profissional em treinamento: nível 2. Salvador: ReCESA, 2008. 76p.

[32] PASCHOALIN FILHO, J. A.; SILVEIRA, F. F.; LUZ, E. G.; OLIVEIRA, R. B. Comparação entre as Massas de Resíduos Sólidos Urbanos Coletadas na Cidade de São Paulo por Meio de Coleta Seletiva e Domiciliar. **Revista de Gestão Ambiental e Sustentabilidade**. Vol. 3, n. 3, p. 19-33, 2014.

[33] PEREIRA, F. A. Educação ambiental e interdisciplinaridade: avanços e retrocessos. **Brazilian Geographical Journal: Geosciences and Humanities research medium**. Vol. 5, n. 2, p. 575-594, 2014.

[34] PEREIRA, M. C. G.; TEIXEIRA, M. A. C. A inclusão de catadores em programas de coleta seletiva: da agenda local à nacional. **Cadernos EBAPE.BR (FGV)**. Vol. 9, n. 3, artigo 10, 2011.

[35] PLEŞEA, D. A.; VIŞAN, S. Good practices regarding solid waste management recycling. **Amfiteatru Economic**. Vol. 12, n. 27, p. 228-241, 2010.

[36] SÃO PAULO - ESTADO. Secretaria do Meio Ambiente. **Gestão ambiental**. Roberta Buendia. São Paulo: SMA/ SABBAGH, 2011.

[37] SANTOS, J. G. A logística reversa como ferramenta para a sustentabilidade: um estudo sobre a importância das

cooperativas de reciclagem na gestão dos resíduos sólidos urbanos. **REUNA**. Vol. 17, n. 2, p. 81-96, 2012.

[38] SILVA, L. C.; ROZA, B. C.; RATHMANN, R. Gestão de resíduos sólidos urbanos na cidade do Porto (Portugal): um exemplo de prática sustentável?. **Revista de Gestão Social e Ambiental - RGSA**. Vol. 6, n. 2, p. 60-78, 2012.

[39] SECRETARIA DE GOVERNO. Presidência da República. **Movimento de Catadores de Materiais Recicláveis entrega pauta de reivindicações ao ministro Gilberto Carvalho**. 2011. Disponível em:<http://www.secretariadegoverno.gov.br>. Acesso em: 12 out. 2018.

[40] UNITED NATIONS ENVIRONMENT PROGRAMME. **Framework of Global Partnership on Waste Management, Note by Secretariat**. 2010. Disponível em:<http://www.unep.or>. Acesso em: 12 nov. 2017.

[41] TEXAS COMMISSION ON ENVIRONMENTAL QUALITY. **Wastes That May Be Accepted at Municipal Solid Waste Facilities**. 2015. Disponível em:<https://www.tceq.texas.gov>. Acesso em: 12 out. 2018.

[42] WAGNER et al. **Environmental education**: Contribution to a sustainable future. SURF-nature project. European Regional Development Fund through the INTERREG IVC programme. WWF, Germany, 2011.

[43] YOSHIDA, C. Competência e as diretrizes da PNRS: conflitos e critérios de harmonização entre as demais legislações e normas. In: JARDIM, A.; YOSHIDA, C.; MACHADO FILHO, J. V. **Política nacional, gestão e gerenciamento de resíduos sólidos**. Barueri-SP: Manole, 2012.